Welcome to the Lexis Rex French Crossword series, specially created for new and intermediate French language students.

In this volume there are 125 crosswords to keep you practiced in French vocabulary, all of the clues are given in English. We have chosen the words from a set of the most common French words, words you will find very useful to know as you build your French mastery.

Some notes about the clues: For verb conjugations, we give the personal pronoun in parenthesis in the English clue to indicate the inflection of the answer. For the case of the English *you* we also show the appropriate French pronoun for the various cases, e.g. *(you/tu)* or *(you/vous)*. For the verb tenses, we have limited the modes to the indicative and the conditional, and we use a regular form for the English clues to indicate which tense. So for example you will find clues for the present tense verb *vais, (I) go*, the past imperfect *allais, (I) was going* or *(I) used to go*, the future *irai, (I) will go*, and the conditional *irais, (I) would go*. You will also find the present participle *allant* (going), and the past participle *allé* (went).

There are also common French phrases (the clue will show the number of letters in each word of the phrase), plurals and in some cases the clue will indicate that the feminine version of a word is required.

We hope you enjoy our crosswords, a great way to challenge your French knowledge and discover new words.

Published by Lexis Rex Language Books
Brisbane, Australia
support@lexisrex.com

Copyright © Lexis Rex 2015.

ISBN 978-0-9942082-3-1

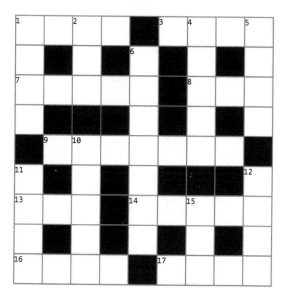

Across
1. corner
3. fact
7. queen
8. certain, sure
9. as if, as though *(5,2)*
13. *(he, she)* says
14. between
16. she
17. son

Down
1. priest
2. here
4. seated
5. late
6. farmer
10. tool
11. notion
12. seas
15. you

No. 2

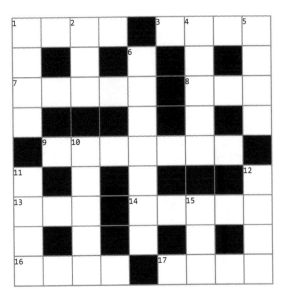

Across

1. tire
3. seven
7. highway, road
8. bed
9. answer, response
13. faith
14. named
16. compass point
17. nail

Down

1. appeared
2. water
4. they
5. head
6. needs
10. sink, basin
11. so that, in order that
12. lived
15. bad, wrong
    pain

No. 3

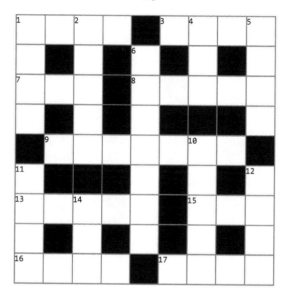

Across
1. husband
3. border
7. from, since
8. dog
9. memory, recollection
13. to have
15. believed
    raw
16. beloved, cherished, dear
    costly
17. their

Down
1. fashion
2. remained
4. yes
5. of which
6. month of the year
10. rich
11. bench
12. to kill
14. goose

No. 4

Across

1. row
3. to act
7. king
8. wings
9. sure
13. virtue
15. friend
16. boss, chief
17. bucket

Down

1. to laugh
2. snow
4. frost
5. pink
6. everywhere
10. picture
11. with
12. place
14. street, road

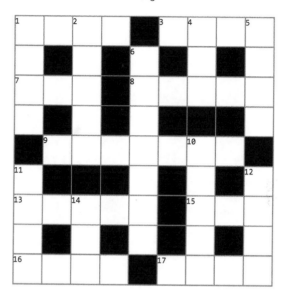

Across

1. shouts
3. more
7. tea
8. to scream
9. spaces
13. to raise
15. life
16. back, bottom
17. hundred

Down

1. side
2. ideas
4. *(to)* him/her
5. lot, fate
   (he, she) goes out
6. thunderbolts
10. envy
11. wrench, spanner
   key
12. green
14. wine

No. 6

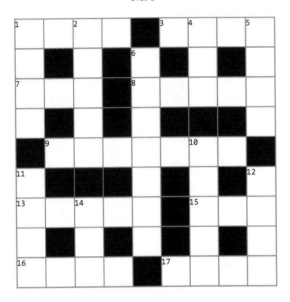

Across

1. this
3. night
7. painting, theatre, music etc
8. flower
9. horror
13. nut *(for a bolt)*
15. pure
16. eleven
17. *(and)* then

Down

1. cat
2. this *(feminine)*
4. a, an *(fem)*
5. wrong; fault
6. terrible, rubbish, awful
10. a little, a bit *(2,3)*
11. zero
12. big, thick, fat
14. rice

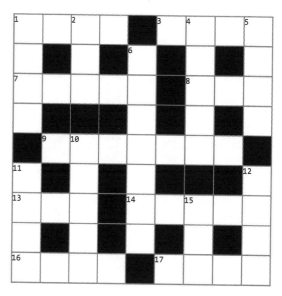

Across

1. wind
3. hunger
7. time; weather
8. law
9. besides, moreover, furthermore *(2,5)*
13. *(he, she)* is east
14. hell
16. proud
17. views

Down

1. quick, fast
2. name
4. to go
5. but
6. to ensure
10. our
11. nine
12. very
15. fire

No. 8

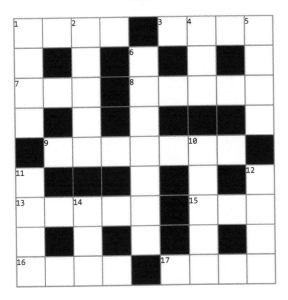

Across

1. pale
3. country
7. no
8. too, also, as well
9. small town
13. finally, in the end
15. lake
16. lengthy
17. to be

Down

1. bridge
2. day of the week
4. years
5. silk
6. speaking
10. vest
11. alone, lone
12. act
    action
14. end
    fine

No. 9

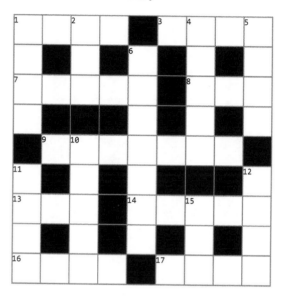

Across
1. bath
3. islands
7. to drink
8. me
9. to show
13. (he, she) says
14. between
16. she
17. map

Down
1. baby
2. here
4. an electric light
5. evening
6. letters
10. tool
11. notion
12. bosom, breast
15. such

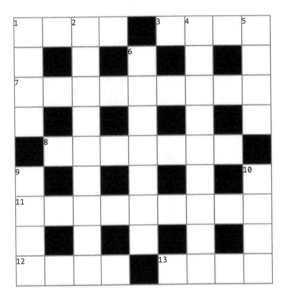

Across

1. the front of the head, visage
3. thrown
7. met
8. picture, painting
11. to return, go back to
    to turn over
12. foot
13. seven

Down

1. strong
   very much
2. to know of
4. in the middle *(of doing
   something) (2,5,2)*
5. sword
6. pain, distress
9. sheet
10. finished, ready

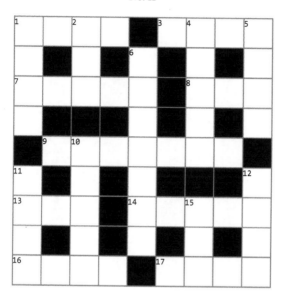

Across

1. beloved, cherished, dear costly
3. share, portion
7. highway, road
8. sea
9. keyboard
13. goose
14. to love, like
16. to say, tell
17. beds

Down

1. priest
2. water
4. army
5. late
6. brain
10. glimmer, glow
11. compass point
12. grey
15. month of the year

No. 12

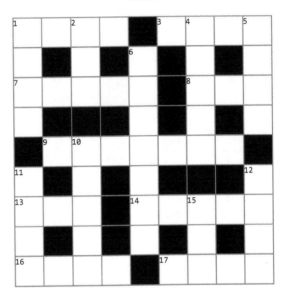

Across

1. wood
3. people
7. remained
8. good
9. cliff
13. faith
14. cup
16. we
17. close to, nearly

Down

1. border
2. they
4. below, down below, downstairs (2,3)
5. sounds
6. departures
10. farewell
11. so that, in order that
12. towards
15. above, on top

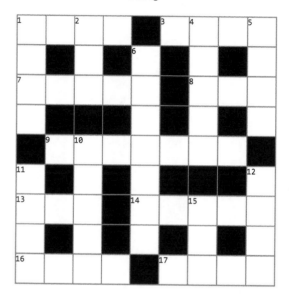

Across

1. mother
3. month
7. gods
8. because, since
9. to deceive, trick
13. wine
14. named
16. sister
17. tire

Down

1. fashion
2. street, road
4. uncle
5. lot, fate
   (he, she) goes out
6. examinations
10. made, rendered
11. opinion
    advice
12. lived
15. my

No. 14

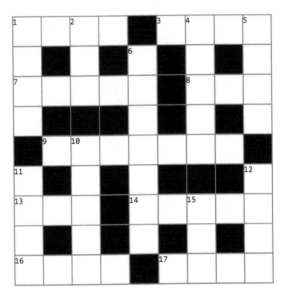

Across

1. tower
   turn
3. heaven, sky
7. full
8. friend
9. to rub
13. *(to)* him/her
14. book
16. with
17. their

Down

1. sort, kind
2. a, an *(fem)*
4. picture
5. milk
6. unused; useless
10. queen
11. there are, there is *(2,1,1)*
12. fear
15. life

No. 15

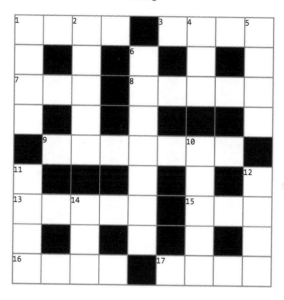

Across

1. bowls
3. arm
7. *(he, she)* is east
8. here is
9. painter
13. to have
15. believed raw
16. but
17. this

Down

1. blue
2. struggle, fight
4. king
5. care, concern
6. futures
10. rich
11. hunger
12. what
14. yes

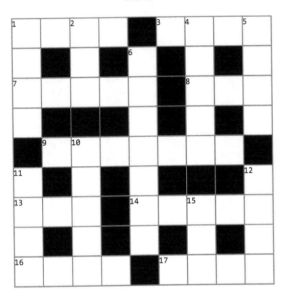

Across

1. words
3. end, tip; bit
7. finger
8. hard
9. to change
13. lake
14. a little, a bit *(2,3)*
16. proud
17. skirt

Down

1. noon
2. you
4. order
5. wrong; fault
6. extent, stretch
10. axe
11. key
    wrench, spanner
12. moon
15. not much, little

Across

1. hundred
3. high
   top
7. put back, replaced
8. law
9. besides, moreover, furthermore (2,5)
13. here
14. envy
16. nothing
17. beautiful

Down

1. deer
2. name
4. to go
5. roof
6. to ensure
10. snow
11. yesterday
12. receipt
15. sight, view

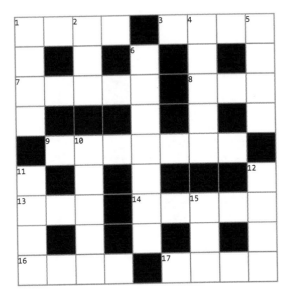

Across
1. in
3. balls
7. year
8. neck
9. homes
13. wall
14. between
16. she
17. map

Down
1. sheet
2. no
4. not any
5. below, under
6. thoughts
10. month of the year
11. a *(female)* friend
12. bosom, breast
15. such

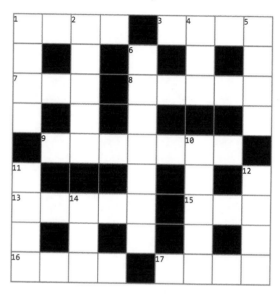

Across

1. way, track
3. bath
7. tea
8. too, also, as well
9. stomach
13. *(he, she)* writes
15. pure
16. eleven
17. islands

Down

1. quick, fast
2. ideas
4. years
5. nut
6. carrot
10. call, appeal
11. zero
12. grey
14. rice

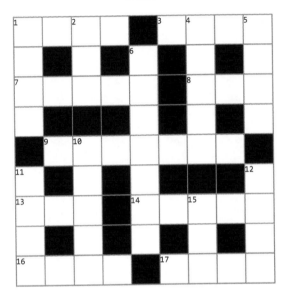

Across

1. even
   same
3. very
7. earth
8. his, her, its
   sound
9. friendships
13. end
    fine
14. finally, in the end
16. compass point
17. to read

Down

1. motorcycle
2. sea
4. remained
5. minus, without
6. to go back; to return home
10. to lead, to take
11. so that, in order that
12. angel
15. faith

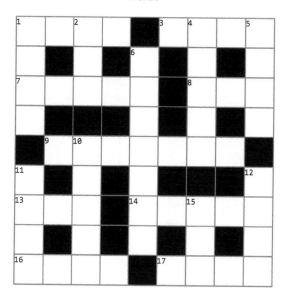

Across

1. husband
3. we
7. gods
8. fire
9. to deceive, trick
13. water
14. free
16. to kill
17. tire

Down

1. fashion
2. street, road
4. offer
5. alone, lone
6. example
10. highway, road
11. wind
12. skin
15. good

No. 22

Across

1. thrown
3. hit, strike
7. day of the week
8. shout, scream
9. necklace
13. bed
14. won
16. went
17. nail

Down

1. pretty
2. your
4. uncle
5. prize
   price
6. small town
10. tool
11. there are, there is (2,1,1)
12. lived
15. frost

No. 23

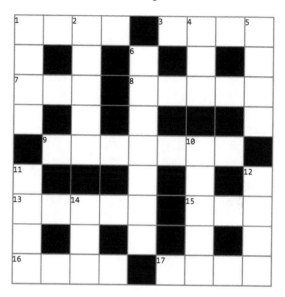

Across
1. row
3. month of the year
7. *(he, she)* drank
   aim, goal
8. airplane
9. sure
13. virtue
15. friend
16. silk
17. towards

Down
1. dress
2. our
4. yes
5. held
6. everywhere
10. picture
11. opinion
    advice
12. lives
14. king

No. 24

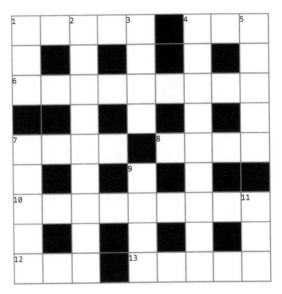

Across

1. if not *(other than, else)*
4. lake
6. to turn over
   to return, go back to
7. file *(tool)*
8. people
10. an old person
12. *(he, she)* is
    east
13. to end, complete

Down

1. above, on top
2. notably
3. nine
4. the day after
5. body
7. lip
9. key
   wrench, spanner
11. hard

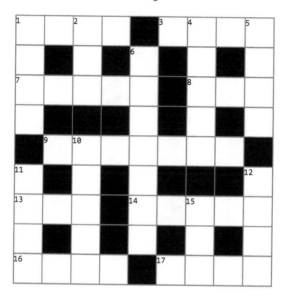

Across
1. party
3. arm
7. dog
8. not much, little
9. answer, response
13. a, an *(fem)*
14. snow
16. sword
17. yesterday

Down
1. the front of the head, visage
2. you
4. meal
5. sister
6. unknown
10. high; raised
11. priest
12. fear
15. here

No. 26

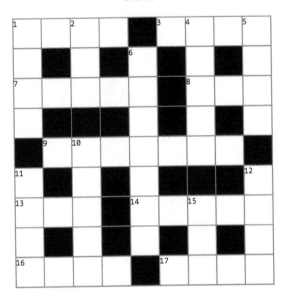

Across

1. month
3. green
7. cup
8. *(to)* him/her
9. shirt
13. wine
14. effect, impression
16. at the house of
17. she

Down

1. words
2. they
4. they
5. roof
6. farmer
10. shame
11. with
12. to be
15. thread, wire

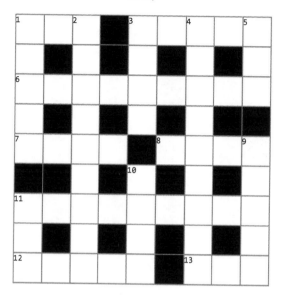

Across

1. years
3. skirts
6. to uncover
   to discover
7. below, under
8. therefore, thus
11. emergency vehicle
12. wrongs
13. six

Down

1. aids
   (you/tu) help
2. to bend *(2,7)*
3. *(he, she)* plays
   (I) play
4. persons
5. certain, sure
9. skies, heavens
10. islands
11. painting, theatre, music
    etc

No. 28

Across

1. cabbage
3. heart
7. early
8. daughter girl
9. horror
13. nut *(for a bolt)*
15. pure
16. eleven
17. views

Down

1. side
2. as well as, besides, on top of
4. eye
5. nothing
6. terrible, rubbish, awful
10. a little, a bit *(2,3)*
11. zero
12. taken
14. rice

No. 29

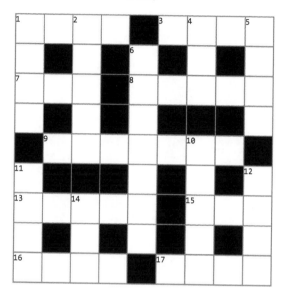

Across

1. large town
3. tooth
7. mad
8. yellow
9. to ensure
13. free
15. faith
16. sounds
17. very

Down

1. coffee
2. towers turns
4. water
5. to kill
6. to add
10. hell
11. more
12. son
14. good

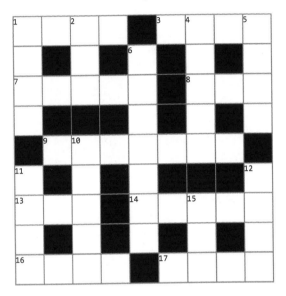

Across

1. head
3. shelter
7. large sea
8. tea
9. to arrive
   to happen
13. end
    fine
14. shadow
16. we
17. map

Down

1. overly, too, too much
2. killed
4. boot
5. notion
6. about, approximately, some
10. made, rendered
11. so that, in order that
12. bosom, breast
15. ball

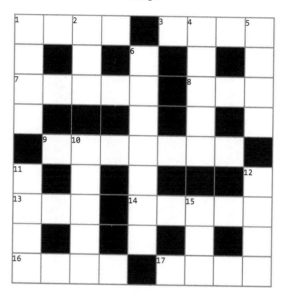

Across

1. dress
3. hunger
7. hello; goodbye
8. friend
9. artist
13. king
14. between
16. foot
17. blue

Down

1. pink
2. bowl
4. before
5. but
6. stars
10. queen
11. sheet
12. bucket
15. such

No. 32

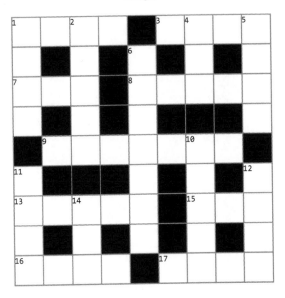

Across

1. quick, fast
3. shouts
7. bed
8. flower
9. painter
13. knee
15. salt
16. row
17. lived

Down

1. bicycle
2. title
4. street, road
5. lot, fate
   (he, she) goes out
6. so, so that *(4,3)*
10. remained
11. to act
12. nail
14. no

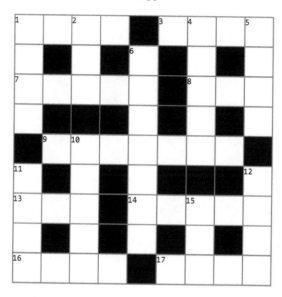

Across

1. all
   everything
3. border
7. full
8. because, since
9. to send
13. law
14. as, like
    how
16. proud
17. finished, ready

Down

1. sort, kind
2. a, an *(fem)*
4. uncle
5. to say, tell
6. announced
10. snow
11. wrench, spanner
    key
12. hundred
15. sea

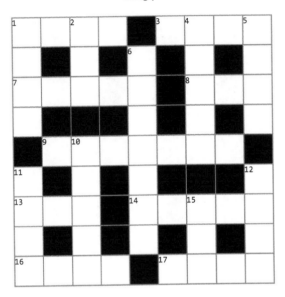

Across

1. care, concern
3. arm
7. weight
8. month of the year
9. cliff
13. *(he, she)* is east
14. finally, in the end
16. with
17. she

Down

1. seven
2. here
4. put back, replaced
5. silk
6. spaces
10. other, another
11. some *(2,2)* of the *(2,2)*
12. angel
15. thread, wire

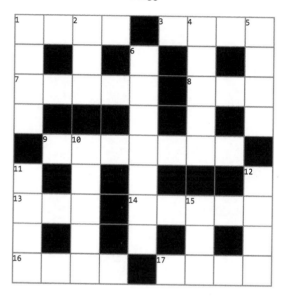

Across
1. the front of the head, visage
3. wind
7. red
8. *(to)* him/her
9. answer, response
13. yes
14. wish
16. compass point
17. close to, nearly

Down
1. strong
   very much
2. believed
   raw
4. they
5. roof
6. unit of time
10. sink, basin
11. far, distant
12. big, thick, fat
15. certain, sure

No. 36

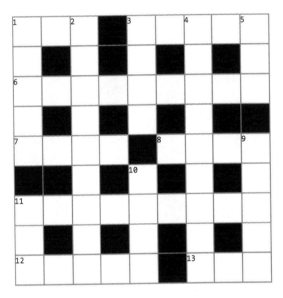

Across
1. painting, theatre, music etc
3. too, also, as well
6. several
7. place
8. nine
11. sidewalks
12. cup
13. floor

Down
1. call, appeal
2. however, nonetheless
3. opinion advice
4. memories
5. they
9. rifle
10. to be
11. early

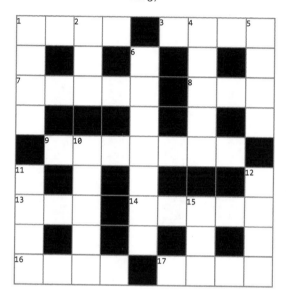

Across

1. motorcycle
3. large town
7. teeth
8. season of the year
9. enormous, huge
13. eye
14. this *(feminine)*
16. nothing
17. son

Down

1. fashion
2. your
4. ideas
5. sword
6. petrol
10. thousand
11. heart
12. towards
15. you

No. 38

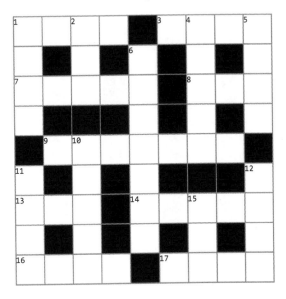

Across

1. well
3. below, under
7. ends
8. good
9. words
13. end
    fine
14. made, rendered
16. nut
17. a *(female)* friend

Down

1. baby
2. water
4. shadow
5. sounds
6. hopes
10. so, such, thereby, thus
11. so that, in order that
12. skirt
15. name

No. 39

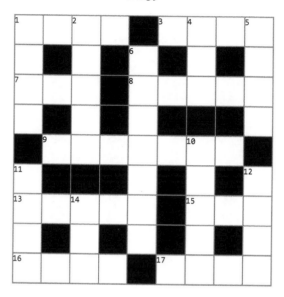

Across
1. appeared
3. sheet
7. friend
8. leak
9. horror
13. nut *(for a bolt)*
15. pure
16. eleven
17. what

Down
1. map
2. queen
4. king
5. tire
6. terrible, rubbish, awful
10. a little, a bit *(2,3)*
11. zero
12. true
    real
14. rice

No. 40

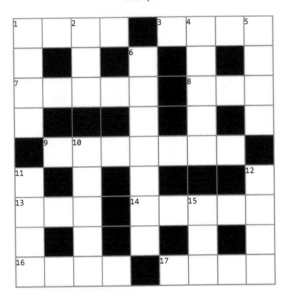

Across

1. part of a book
3. oven
7. driveway
8. from, since
9. to go to bed
13. egg
14. between
16. streets
17. nail

Down

1. skin
2. frost
4. order
5. pink
6. circles
10. offer
11. sister
12. beautiful
15. such

No. 41

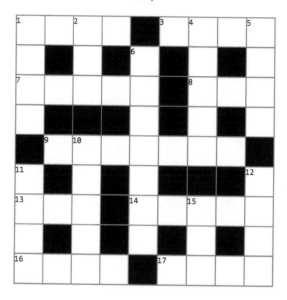

Across
1. necks
3. grey
7. flower
8. not much, little
9. as if, as though (5,2)
13. bed
14. envy
16. went
17. their

Down
1. coffee
2. a, an (fem)
4. rest
5. alone, lone
6. to deceive, trick
10. tool
11. there are, there is (2,1,1)
12. fear
15. life

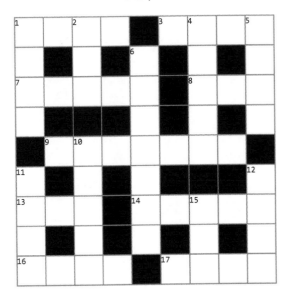

Across

1. even
   same
3. islands
7. finger
8. sea
9. ships
13. law
14. hell
16. lights
17. views

Down

1. noon
2. month of the year
4. an electric light
5. lot, fate
   (he, she) goes out
6. stars
10. farewell
11. wrench, spanner
    key
12. arm
15. mad

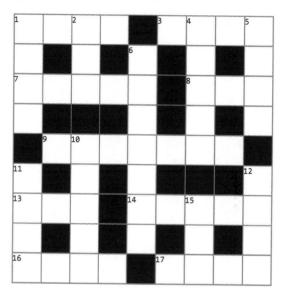

Across

1. time
3. shouts
7. to scream
8. wine
9. answer, response
13. goose
14. remained
16. notion
17. blue

Down

1. the front of the head, visage
2. here
4. dreams
5. minus, without
6. wardrobe
10. high; raised
11. pretty
12. lived
15. salt

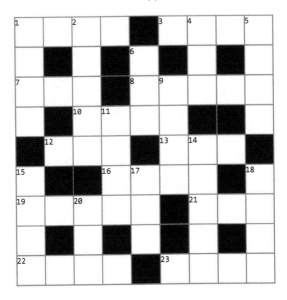

Across

1. help, aid
3. we
7. my
8. airplane
10. she
12. believed
    raw
13. nose
16. nine
19. they
21. faith
22. fact
23. to be

Down

1. loved
2. dinner
4. yes
5. blood
6. ball
9. came
11. moon
14. effect, impression
15. deer
17. *(he, she)* is
    east
18. to say, tell
20. *(to)* him/her

No. 45

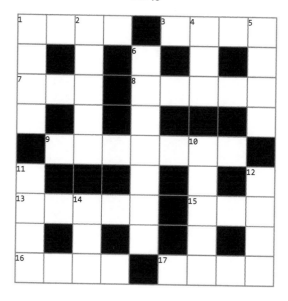

Across

1. month of the year
3. large town
7. tea
8. the past
9. petrol
13. kind, type
15. you
16. row
17. people

Down

1. thrown
2. ideas
4. they
5. sword
6. to call, phone
10. this (feminine)
11. to act
12. son
14. no

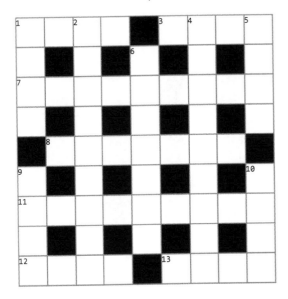

Across

1. to read
3. finished, ready
7. to know of
8. honour
11. in the middle *(of doing something) (2,5,2)*
12. with
13. brown

Down

1. lakes
2. meeting *(I)* meet
4. to turn over to return, go back to
5. to kill
6. sign *(for traffic, information)*
9. of the *(2,2)* some *(2,2)*
10. bosom, breast

No. 47

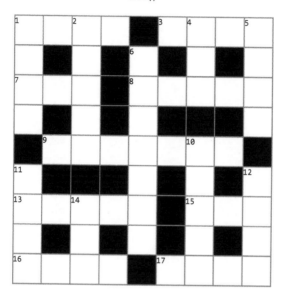

Across

1. lengthy
3. heart
7. *(he, she)* puts
8. daughter
   girl
9. horror
13. nut *(for a bolt)*
15. pure
16. eleven
17. bear

Down

1. file *(tool)*
2. our
4. eye
5. nothing
6. terrible, rubbish, awful
10. a little, a bit *(2,3)*
11. zero
12. very
14. rice

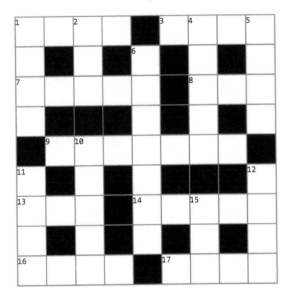

Across

1. foot
3. but
7. red
8. friend
9. honest
13. egg
14. rule
16. streets
17. nail

Down

1. share, portion
2. water
4. having
5. silk
6. painter
10. offer
11. sister
12. beautiful
15. frost

No. 49

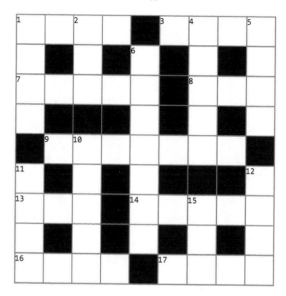

Across

1. late
3. wrong; fault
7. weight
8. *(he, she)* says
9. of nature
13. end
    fine
14. between
16. night
17. more

Down

1. sort, kind
2. king
4. order
5. head
6. to ensure
10. so, such, thereby, thus
11. so that, in order that
12. towards
15. such

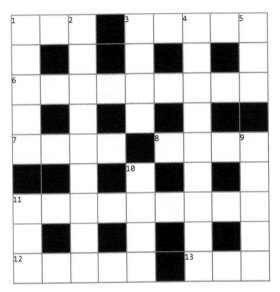

Across

1. case, instance
3. seated
6. to explain
7. lot, fate
   (he, she) goes out
8. that, that over there
11. knight
12. served
13. floor

Down

1. keys
2. superior
3. opinion
   advice
4. memories
5. certain, sure
9. month of the year
10. husband
11. these

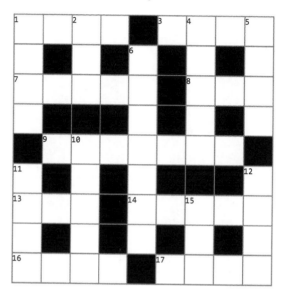

Across

1. even
   same
3. map
7. finger
8. wall
9. spaces
13. good
14. knee
16. notion
17. a *(female)* friend

Down

1. fashion
2. me
4. an electric light
5. compass point
6. strange
10. health
11. shelter
12. judge
15. name

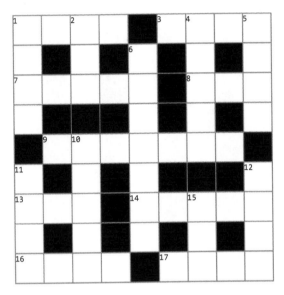

Across

1. motorcycle
3. tower
   turn
7. to hold
   to keep
8. low
9. to lack
   to miss
13. law
14. finally, in the end
16. sounds
17. skirt

Down

1. words
2. your
4. shadow
5. pink
6. creeks
10. airplane
11. islands
12. angel
15. fire

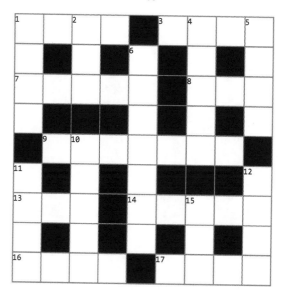

Across

1. wood
3. people
7. breeze
8. (to) him/her
9. as if, as though (5,2)
13. bed
14. effect, impression
16. went
17. quick, fast

Down

1. baby
2. here
4. they
5. evening
6. farmer
10. tool
11. there are, there is (2,1,1)
12. to be
15. faith

No. 54

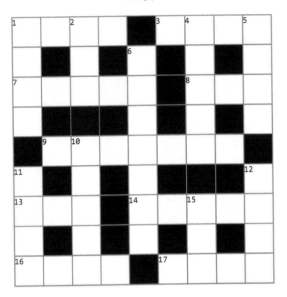

Across

1. end, tip; bit
3. overly, too, too much
7. glimmer, glow
8. not much, little
9. shirt
13. *(he, she)* is
    east
14. kind, type
16. son
17. tire

Down

1. balls
2. a, an *(fem)*
4. rest
5. fear
6. cheese
10. place with rooms to rent
11. deer
12. receipt
15. no

No. 55

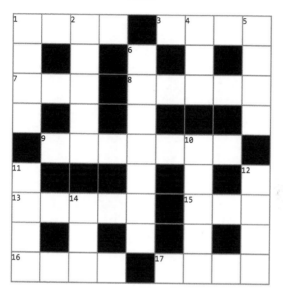

Across
1. arm
3. therefore, thus
7. you
8. small mark, full stop
9. furthermore, besides, on top of that *(2,5)*
13. as, like
   how
15. shout, scream
16. she
17. alone, lone

Down
1. beast
2. farewell
4. yes
5. rib
   coast
6. to call, phone
10. task, chore
11. act
   action
12. honey
14. bad, wrong
   pain

Across

1. goals, aims
3. to act
7. years
8. daughter
   girl
9. painter
13. nut *(for a bolt)*
15. salt
16. eleven
17. lived

Down

1. beautiful
2. cup
4. frost
5. streets
6. so, so that *(4,3)*
10. remained
11. zero
12. blue
14. rice

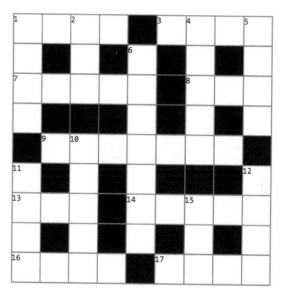

Across

1. coffee
3. kings
7. earth
8. game
9. short periods of time
13. painting, theatre, music etc
14. picture
16. boss, chief
17. place

Down

1. side
2. iron
4. object
5. below, under
6. to come back
10. as well as, besides, on top of
11. bench
12. came
15. friend

No. 58

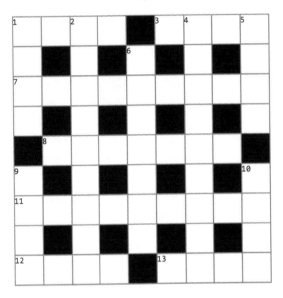

Across

1. (.... de) during
3. finished, ready
7. to know of
8. honour
11. in the middle (of doing something) (2,5,2)
12. with
13. brown

Down

1. lakes
2. meeting (I) meet
4. to return, go back to to turn over
5. to kill
6. sign (for traffic, information)
9. that, that over there
10. bosom, breast

No. 59

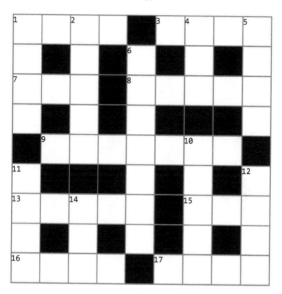

Across
1. party
3. nothing
7. name
8. too, also, as well
9. serious
13. an electric light
15. pure
16. strong
    very much
17. bear

Down
1. completed
2. fell
4. they
5. night
6. ships
10. a little, a bit *(2,3)*
11. key
    wrench, spanner
12. grey
14. sea

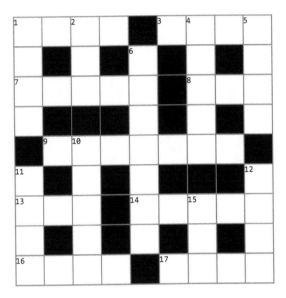

Across

1. loved
3. court
7. finger
8. back
9. to arrive
   to happen
13. water
14. between
16. proud
17. more

Down

1. help, aid
2. me
4. order
5. pink
6. stars
10. highway, road
11. nine
12. towards
15. such

No. 61

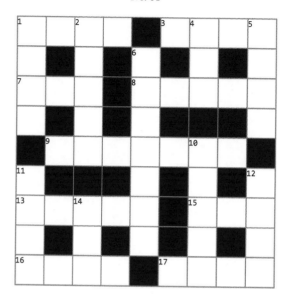

Across

1. beds
3. map
7. my
8. wish
9. toes
13. wings
15. life
16. evening
17. green

Down

1. file *(tool)*
2. to hold
   to keep
4. the *(plural)*
5. compass point
6. skill, adroitness; location
10. lip
11. in
12. hundred
14. law

No. 62

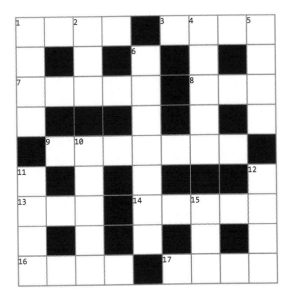

Across

1. went
3. bath
7. queen
8. month of the year
9. manner, way
13. end
    fine
14. finally, in the end
16. nut
17. skirt

Down

1. shelter
2. *(to)* him/her
4. to love, like
5. black
6. cherries
10. so, such, thereby, thus
11. so that, in order that
12. angel
15. fire

No. 63

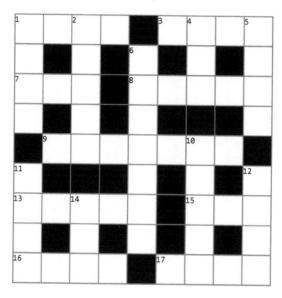

Across

1. month of the year
3. views
7. tea
8. flower
9. spirits, minds
13. made, rendered
15. believed
    raw
16. blood
17. fear

Down

1. thrown
2. ideas
4. a, an *(fem)*
5. lot, fate
   (he, she) goes out
6. terrible, rubbish, awful
10. task, chore
11. taken
12. to flee, run away
14. no

No. 64

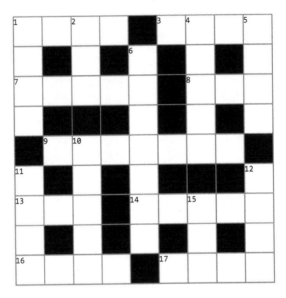

Across

1. prize
   price
3. we
7. airplane
8. mad
9. bananas
13. eye
14. this *(feminine)*
16. streets
17. heaven, sky

Down

1. skin
2. here
4. offer
5. sister
6. childhood
10. driveway
11. heart
12. alone, lone
15. you

No. 65

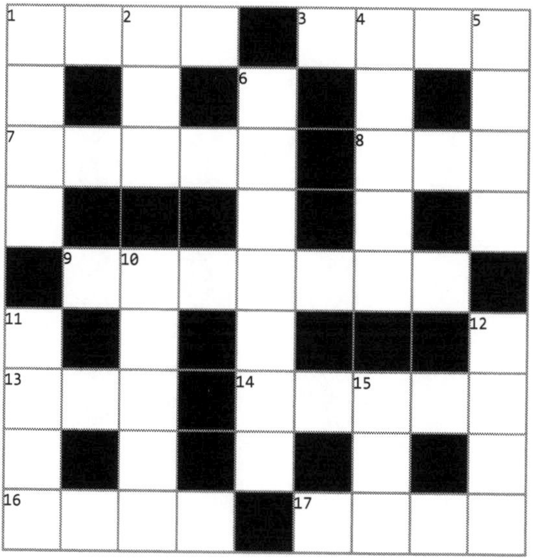

Across

1. side
3. cat
7. known
8. wine
9. motors
13. *(he, she)* says
14. remained
16. she
17. blue

Down

1. this
2. your
4. winter
5. held
6. moods
10. tool
11. notion
12. lived
15. salt

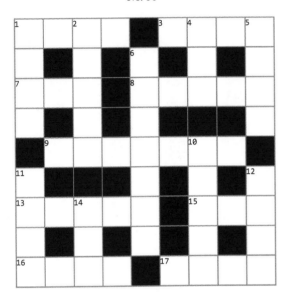

Across

1. well
3. row
7. bowl
8. dog
9. to ensure
13. finger nail
15. thread, wire
16. of the *(2,2)*
    some *(2,2)*
17. big, thick, fat

Down

1. baby
2. they
4. friend
5. glove
6. to occupy
10. hell
11. back, bottom
12. islands
14. frost

No. 67

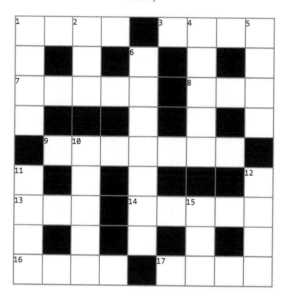

Across

1. large town
3. lengthy
7. as well as, besides, on top of
8. good
9. to change
13. yes
14. effect, impression
16. beloved, cherished, dear costly
17. quick, fast

Down

1. cabbage
2. early
4. shadow
5. people
6. last, latest
10. hatred
11. therefore, thus
12. to be
15. faith

No. 68

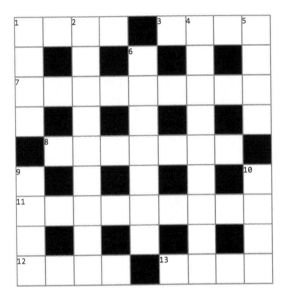

Across

1. to read
3. high
   top
7. cucumber
8. (the) least
11. (faire ....) be careful
12. at the house of
13. bucket

Down

1. lakes
2. meeting
   (I) meet
4. eggplant
5. to kill
6. giving
9. bench
10. tire

No. 69

Across

1. dream
3. shouts
7. ball
8. farewell
9. unit of time
13. *(he, she)* writes
15. floor
16. eleven
17. very

Down

1. dress
2. city, town
4. king
5. below, under
6. carrot
10. wish
11. zero
12. more
14. rice

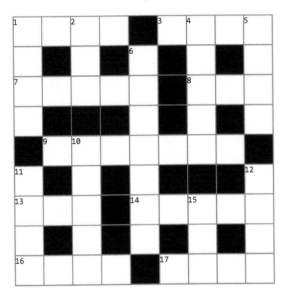

Across

1. care, concern
3. there are, there is *(2,1,1)*
7. the past
8. *(he, she)* drank
   aim, goal
9. entries
13. bed
14. envy
16. proud
17. deer

Down

1. seven
2. they
4. free
5. act
   action
6. month of the year
10. our
11. wrench, spanner
    key
12. nine
15. life

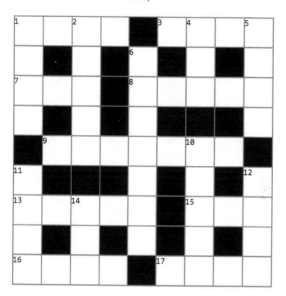

Across

1. minus, without
3. milk
7. name
8. too, also, as well
9. answer, response
13. daughter
    girl
15. *(to)* him/her
16. night
17. thrown

Down

1. blood
2. named
4. years
5. roof
6. words
10. chamber, room, ward
11. so that, in order that
12. loved
14. law

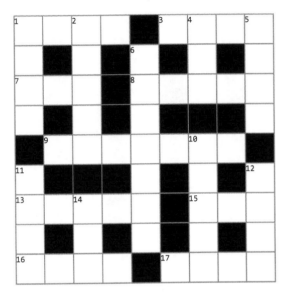

Across

1. dead
3. arm
7. water
8. flower
9. horror
13. made, rendered
15. by, by means of
    at the rate of, per
16. sounds
17. *(and)* then

Down

1. mine *(belonging to me)*
2. highway, road
4. street, road
5. lot, fate
   (he, she) goes out
6. terrible, rubbish, awful
10. a little, a bit *(2,3)*
11. grey
12. taken
14. no

No. 73

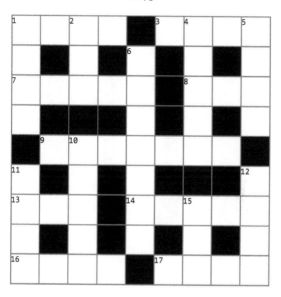

Across

1. corner
3. map
7. snow
8. me
9. (you/tu) show
13. lively; vivid
14. between
16. heaven, sky
17. place

Down

1. five
2. here
4. an electric light
5. black
6. to go back; to return home
10. offer
11. with
12. held
15. you

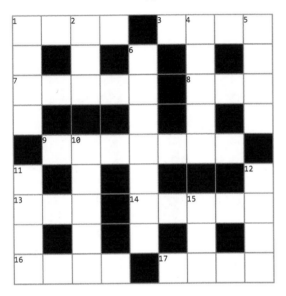

Across

1. hit, strike
3. bridge
7. places
8. game
9. departures
13. goose
14. finally, in the end
16. notion
17. skirt

Down

1. that, that over there
2. a, an *(fem)*
4. object
5. all everything
6. spaces
10. high; raised
11. pretty
12. angel
15. fire

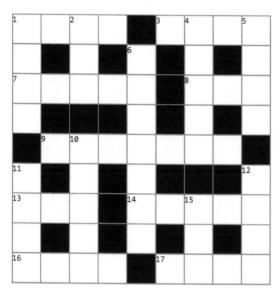

Across

1. noon
3. far, distant
7. heads
8. because, since
9. evenings
13. word
14. fell
16. she
17. blue

Down

1. motorcycle
2. *(he, she)* says
4. uncle
5. compass point
6. spirits, minds
10. tool
11. a *(female)* friend
12. lived
15. bad, wrong
    pain

No. 76

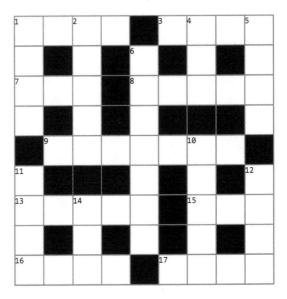

Across
1. share, portion
3. fear
7. lake
8. other, another
9. design
13. army
15. friend
16. seas
17. towards

Down
1. pale
2. rich
4. *(he, she)* is east
5. nothing
6. to leave
10. picture
11. hunger
12. son
14. wall

No. 77

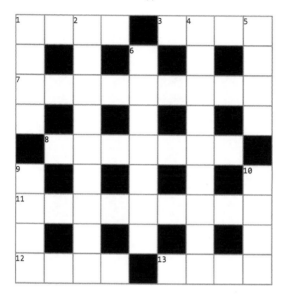

Across

1. priest
3. glove
7. cucumber
8. to smile
11. (*faire* ....) be careful
12. at the house of
13. receipt

Down

1. this
2. meeting (*I*) meet
4. eggplant
5. to kill
6. current running
9. bench
10. tire

No. 78

Across
1. bath
3. below, under
7. tea
8. farewell
10. you
11. to ensure
15. gold
17. finger nail
19. thread, wire
20. some *(2,2)*
    of the *(2,2)*
21. big, thick, fat

Down
1. goals, aims
2. ideas
4. yes
5. alone, lone
6. of nature
9. hard
12. floor
13. hell
14. back, bottom
16. islands
18. frost

No. 79

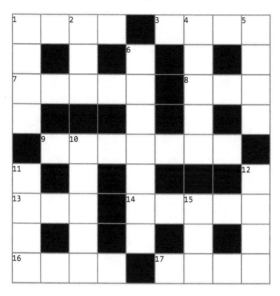

Across

1. time
3. month
7. cup
8. good
9. trips
13. bed
14. named
16. proud
17. large town

Down

1. party
2. they
4. shadow
5. blood
6. week
10. as well as, besides, on top of
11. wrench, spanner key
12. baby
15. month of the year

No. 80

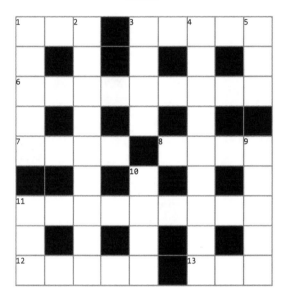

Across
1. the *(plural)*
3. files *(tool)*
6. to explain
7. to laugh
8. cat
11. knight
12. served
13. above, on top

Down
1. glimmer, glow
2. superior
3. milk
4. handkerchiefs
5. certain, sure
9. to draw, drag, pull to shoot
10. husband
11. these

No. 81

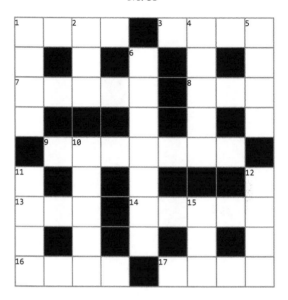

Across

1. well
3. grey
7. red
8. his, her, its sound
9. friendships
13. iron
14. effect, impression
16. night
17. to say, tell

Down

1. border
2. water
4. remained
5. minus, without
6. to go back; to return home
10. day of the week
11. so that, in order that
12. to be
15. faith

No. 82

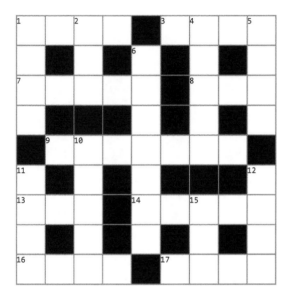

Across

1. wind
3. close to, nearly
7. day of the week
8. by, by means of
   at the rate of, per
9. answer, response
13. law
14. queen
16. with
17. yesterday

Down

1. bicycle
2. no
4. meal
5. lot, fate
   (he, she) goes out
6. mirrors
10. spice
11. there are, there is *(2,1,1)*
12. their
15. here

No. 83

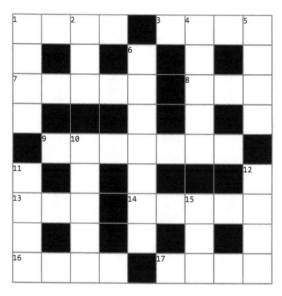

Across

1. all
   everything
3. boss, chief
7. full
8. wine
9. razors
13. eye
14. made, rendered
16. streets
17. a *(female)* friend

Down

1. sort, kind
2. a, an *(fem)*
4. winter
5. completed
6. in progress, underway *(2,5)*
10. driveway
11. heart
12. judge
15. name

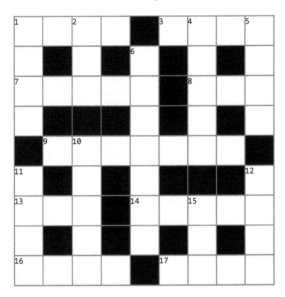

Across

1. appeared
3. finished, ready
7. snow
8. *(he, she)* puts
9. as if, as though *(5,2)*
13. *(he, she)* says
14. between
16. she
17. lives

Down

1. bridge
2. king
4. put back, replaced
5. head
6. farmer
10. tool
11. notion
12. people
15. you

No. 85

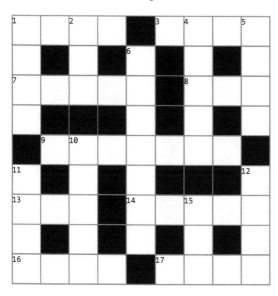

Across

1. true
   real
3. seas
7. to scream
8. (to) him/her
9. skill, adroitness; location
13. years
14. rabbit
16. dead
17. moon

Down

1. lived
2. friend
4. they
5. evening
6. toes
10. wish
11. hunger
12. angel
15. not much, little

No. 86

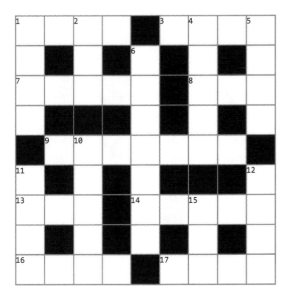

Across

1. coffee
3. oven
7. blows, hits
8. back
9. to send
13. *(he, she)* is east
14. to help
16. to kill
17. shouts

Down

1. this
2. mad
4. order
5. pink
6. stomach
10. our
11. green
12. arm
15. hard

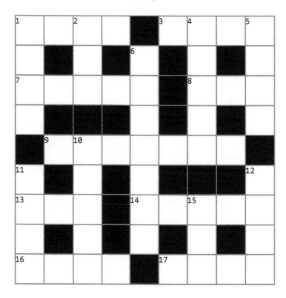

Across
1. beds
3. big, thick, fat
7. known
8. believed
   raw
9. valleys
13. yes
14. hell
16. of which
17. views

Down
1. lakes
2. your
4. rich
5. alone, lone
6. to forget
10. airplane
11. back, bottom
12. taken
15. fire

No. 88

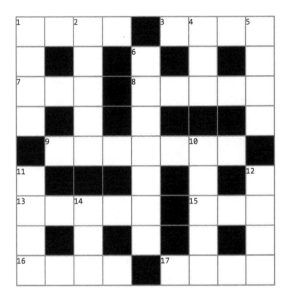

Across

1. bucket
3. glove
7. footstep not
8. to throw
9. liquor
13. army
15. pure
16. black
17. bear

Down

1. seven
2. too, also, as well
4. painting, theatre, music etc
5. late
6. to add
10. a little, a bit *(2,3)*
11. bread
12. very
14. me

No. 89

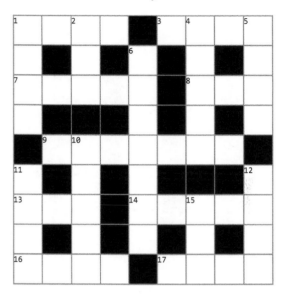

Across

1. dress
3. loved
7. rows
8. season of the year
9. enormous, huge
13. frost
14. as, like
    how
16. nothing
17. proud

Down

1. to laugh
2. good
4. ideas
5. sword
6. petrol
10. thousand
11. to act
12. fear
15. month of the year

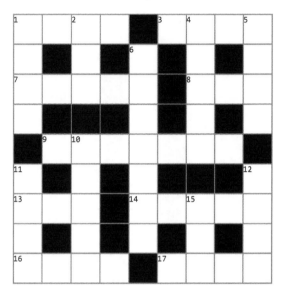

Across

1. even
   same
3. close to, nearly
7. aunt
8. his, her, its
   sound
9. friendships
13. iron
14. finally, in the end
16. nut
17. file *(tool)*

Down

1. motorcycle
2. my
4. remained
5. minus, without
6. letters
10. day of the week
11. so that, in order that
12. eleven
15. faith

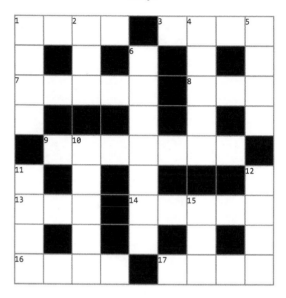

Across

1. pretty
3. high
   top
7. weight
8. by, by means of
   at the rate of, per
9. choir
13. water
14. cup
16. with
17. went

Down

1. skirt
2. law
4. call, appeal
5. wrong; fault
6. spirits, minds
10. hour
11. of the (2,2)
    some (2,2)
12. thrown
15. salt

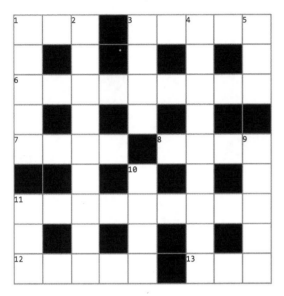

Across

1. case, instance
3. put back, replaced
6. to explain
7. lot, fate
   (he, she) goes out
8. cat
11. knight
12. series
13. certain, sure

Down

1. keys
2. superior
3. kings
4. handkerchiefs
5. above, on top
9. to draw, drag, pull
   to shoot
10. the front of the head, visage
11. these

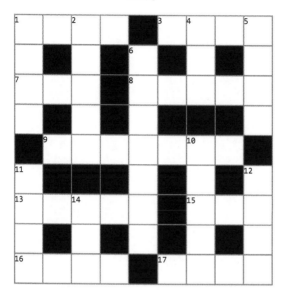

Across

1. therefore, thus
3. five
7. name
8. to make
   to do
9. month of the year
13. made, rendered
15. wine
16. so much, so many
17. held

Down

1. tooth
2. named
4. here
5. what a, what kind, what
   kind of, what sort of
6. terrible, rubbish, awful
10. envy
11. finished, ready
12. tire
14. no

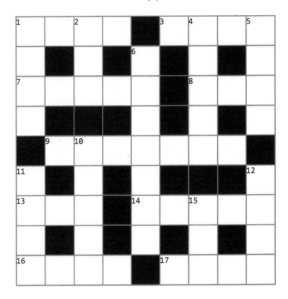

Across

1. large town
3. hunger
7. large sea
8. *(to)* him/her
9. papers
13. eye
14. shadow
16. streets
17. islands

Down

1. cabbage
2. tea
4. to go
5. but
6. about, approximately, some
10. driveway
11. heart
12. seas
15. ball

Across

1. all
   everything
3. there are, there is *(2,1,1)*
7. full
8. you
9. necklace
13. *(he, she)* says
14. picture
16. she
17. completed

Down

1. sort, kind
2. a, an *(fem)*
4. struggle, fight
5. opinion
   advice
6. English
10. tool
11. notion
12. this
15. friend

No. 96

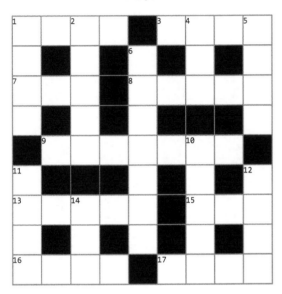

Across

1. came
3. end, tip; bit
7. *(he, she)* is east
8. offence against the law
9. threats
13. to have
15. killed
16. at the house of
17. skin

Down

1. lives
2. our
4. yes
5. to kill
6. thunderbolts
10. between
11. bench
12. lived
14. goose

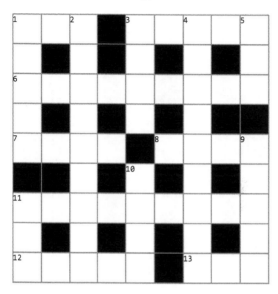

Across

1. because, since
3. small
6. *(faire ....)* be careful
7. soft, sweet
8. deer
11. dentists
12. served
13. floor

Down

1. hot
2. to turn over
   to return, go back to
3. bridge
4. toilet
5. your
9. rifle
10. noon
11. from, since

No. 98

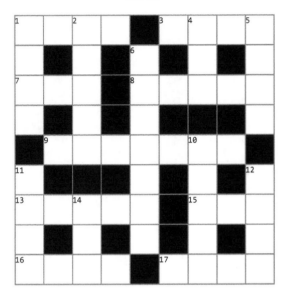

Across

1. fashion
3. honey
7. put, placed
8. too, also, as well
9. wardrobe
13. man
15. shout, scream
16. fact
17. towards

Down

1. even same
2. wish
4. they
5. milk
6. words
10. rich
11. boss, chief
12. beds
14. month of the year

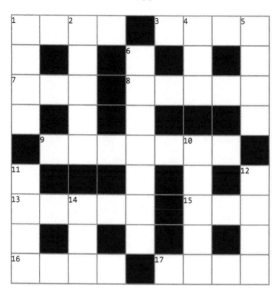

Across

1. harbour
3. lakes
7. years
8. morning
9. alarm clocks
13. below, down below, downstairs (2,3)
15. me
16. row
17. people

Down

1. map
2. remained
4. painting, theatre, music etc
5. sounds
6. enormous, huge
10. an electric light
11. fear
12. son
14. good

No. 100

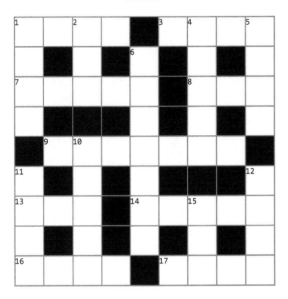

Across

1. thrown
3. zero
7. vest
8. rice
9. artist
13. king
14. effect, impression
16. foot
17. skirt

Down

1. judge
2. such
4. *(he, she)* writes
5. eleven
6. stars
10. queen
11. sheet
12. to be
15. fire

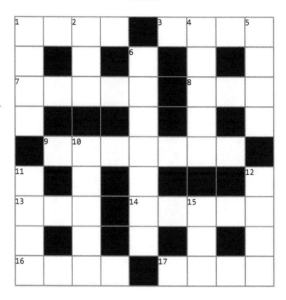

Across

1. yesterday
3. beloved, cherished, dear
   costly
7. highway, road
8. sight, view
9. *(the)* least
13. lively; vivid
14. remainder
16. key
    wrench, spanner
17. very

Down

1. outside, out *(of)*
2. water
4. winter
5. nothing
6. painter
10. offer
11. with
12. meaning
15. above, on top

No. 102

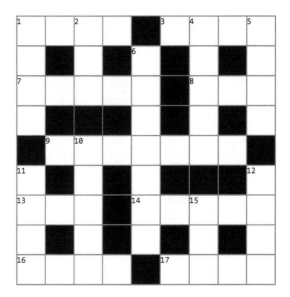

Across

1. motorcycle
3. *(you/vous)* are
7. title
8. believed
   raw
9. to go to bed
13. *(they)* have
14. finally, in the end
16. tire
17. quick, fast

Down

1. words
2. early
4. task, chore
5. sister
6. circles
10. as well as, besides, on top of
11. hit, strike
12. angel
15. faith

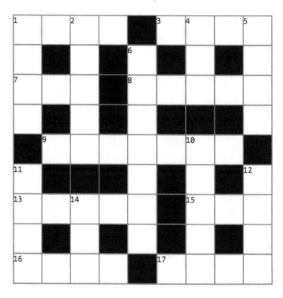

Across

1. berry
3. proud
7. tea
8. weight
9. petrol
13. genius
15. salt
16. *(he, she)* makes, renders
17. beautiful

Down

1. goals, aims
2. ideas
4. here
5. pink
6. to call, phone
10. *(I)* cease
11. to act
12. blue
14. no

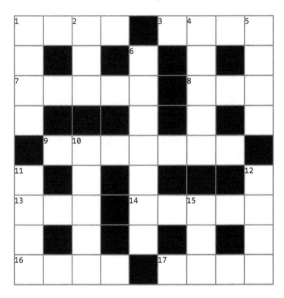

Across

1. so much, so many
3. islands
7. apple
8. by, by means of at the rate of, per
9. moment
13. *(to)* him/her
14. envy
16. *(you)* have
17. *(I)* want

Down

1. sort, kind
2. name
4. rabbit
5. *(he, she)* will be
6. to go back; to return home
10. snow
11. there are, there is *(2,1,1)*
12. eyes
15. life

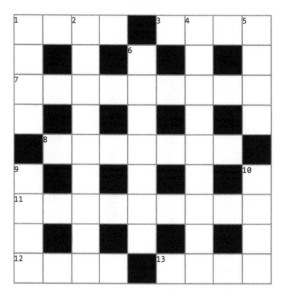

Across

1. overly, too, too much
3. high
   top
7. *(he, she)* resembles
8. light
11. bathtub
12. notion
13. hundred

Down

1. late
2. darkness
4. eggplant
5. to kill
6. *(it)* becomes
9. shelter
10. wind

No. 106

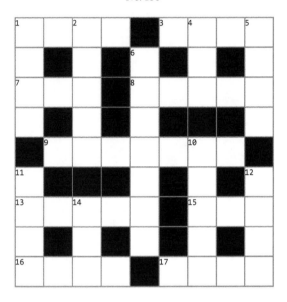

Across

1. balls
3. wood
7. *(he, she)* is
   east
8. dog
9. to come back
13. as, like
    how
15. friend
16. she
17. alone, lone

Down

1. well
2. struggle, fight
4. yes
5. *(they)* are
6. to buy
10. picture
11. act
    action
12. heaven, sky
14. bad, wrong
    pain

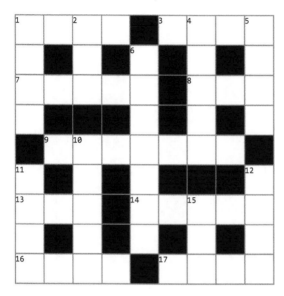

Across

1. court
3. end, tip; bit
7. (I) hold, keep
8. neck
9. of nature
13. end
   fine
14. between
16. nut
17. place

Down

1. large town
2. a, an (fem)
4. uncle
5. tower
   turn
6. to ensure
10. so, such, thereby, thus
11. so that, in order that
12. receipt
15. you

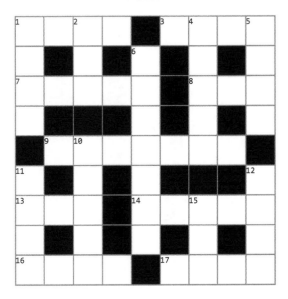

Across
1. *(I)* do
3. opinion
   advice
7. cup
8. certain, sure
9. entries
13. painting, theatre, music etc
14. a little, a bit *(2,3)*
16. at the house of
17. *(I)* pray

Down
1. party
2. they
4. jacket
5. *(he, she)* serves
6. happy
10. our
11. bench
12. judge
15. pure

No. 109

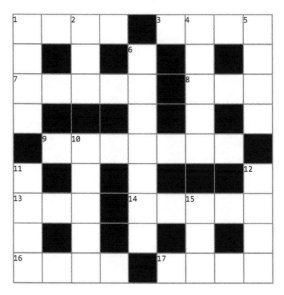

Across

1. month of the year
3. blood
7. gods
8. his, her, its sound
9. shirt
13. king
14. book
16. foot
17. fear

Down

1. fashion
2. street, road
4. seated
5. people
6. example
10. oil
11. sheet
12. their
15. sight, view

No. 110

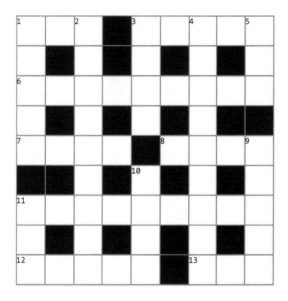

Across

1. footstep
   not
3. *(you/tu)* help
   aids
6. to explain
7. to say, tell
8. nine
11. pillows
12. wrongs
13. such

Down

1. *(he, she)* takes
2. superior
3. a *(female)* friend
4. softly, gently
5. above, on top
9. rifle
10. more
11. *(they)* have

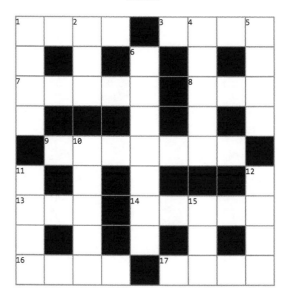

Across

1. that, that over there
3. *(he, she)* smells
7. farewell
8. good
9. answer, response
13. water
14. named
16. with
17. tire

Down

1. cat
2. law
4. below, down below, downstairs *(2,3)*
5. held
6. at least, at the minimum *(2,5)*
10. study
11. *(he, she)* will do
12. lived
15. my

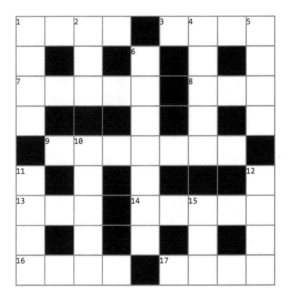

Across

1. words
3. minus, without
7. to lead, to take
8. sea
9. *(you/tu)* show
13. egg
14. effect, impression
16. nothing
17. walls

Down

1. even
   same
2. your
4. army
5. lot, fate
   (he, she) goes out
6. caves
10. offer
11. heart
12. *(you/vous)* are
15. mad

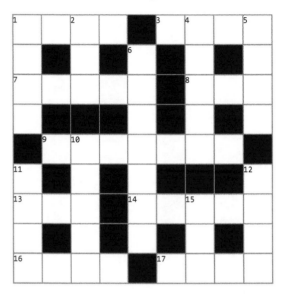

Across

1. berry
3. evening
7. queen
8. *(you/tu)* say
   (I) say
9. groups
13. lake
14. finally, in the end
16. proud
17. skirt

Down

1. border
2. here
4. order
5. pink
6. measurements
10. rich
11. wrench, spanner
    key
12. angel
15. fire

No. 114

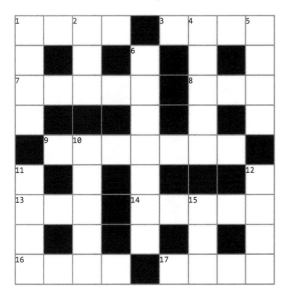

Across

1. part of a book
3. but
7. wings
8. believed
   raw
9. cliff
13. bed
14. hell
16. (you) have
17. well

Down

1. map
2. frost
4. attack, suddent fit
5. sister
6. spaces
10. other, another
11. there are, there is (2,1,1)
12. brown
15. faith

No. 115

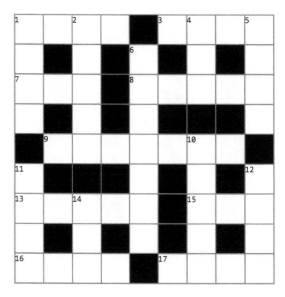

Across

1. loved
3. (it) is worth
7. early
8. fair, just
   exactly, precisely
9. survey, inquiry
13. tree
15. neck
16. some (2,2)
   of the (2,2)
17. wind

Down

1. act
   action
2. morning
4. years
5. to kill
6. to add
10. task, chore
11. late
12. night
14. ball

No. 116

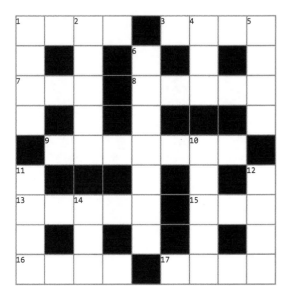

Across

1. towards
3. bowls
7. the *(plural)*
8. dog
9. defence prohibition
13. pass
15. *(to)* him/her
16. she
17. bosom, breast

Down

1. bicycle
2. remained
4. yes
5. *(they)* are
6. to buy
10. chamber, room, ward
11. sword
12. mine *(belonging to me)*
14. salt

No. 117

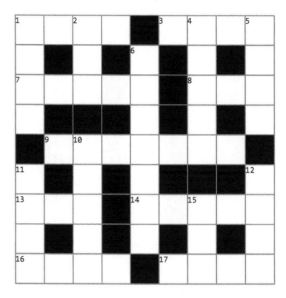

Across

1. baby
3. *(he, she)* sees
7. cup
8. *(he, she)* drank
   aim, goal
9. to stop
13. wine
14. remainder
16. below, under
17. very

Down

1. beast
2. low
4. shadow
5. head
6. window
10. made, rendered
11. opinion
    advice
12. meaning
15. certain, sure

No. 118

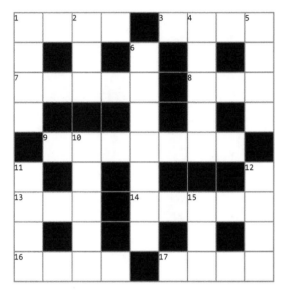

Across

1. corner
3. bear
7. rifle
8. pure
9. hair
13. *(they)* have
14. between
16. pale
17. place

Down

1. coffee
2. they
4. a little, a bit *(2,3)*
5. *(he, she)* will be
6. keyboard
10. place with rooms to rent
11. hit, strike
12. bucket
15. you

No. 119

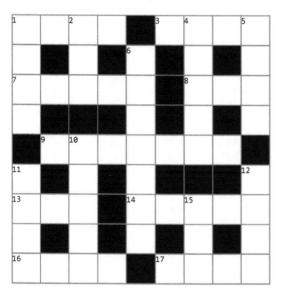

Across

1. shelter
3. *(he, she)* acts
7. less, fewer
8. no
9. entries
13. *(he, she)* is east
14. title
16. streets
17. blue

Down

1. *(I)* like
2. king
4. kind, type
5. so much, so many
6. spirits, minds
10. our
11. fear
12. beautiful
15. such

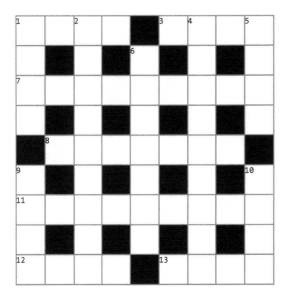

Across

1. deer
3. bread
7. to start, begin
8. present, current
11. movement
12. *(he, she)* serves
13. grey

Down

1. this
2. to notice
4. elevator
5. compass point
6. thoughts
9. friends
10. *(you/vous)* are

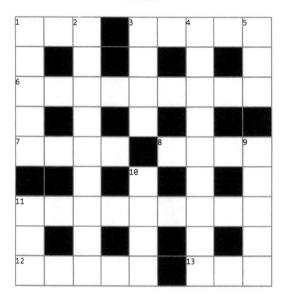

Across

1. because, since
3. coasts; ribs
6. *(faire ....)* be careful
7. *(he, she)* can
8. green
11. twenty one *(5,2,2)*
12. firm
13. above, on top

Down

1. field
2. to return, go back to
   to turn over
3. five
4. toilet
5. his, her, its
   sound
9. to hold
   to keep
10. to be
11. lively; vivid

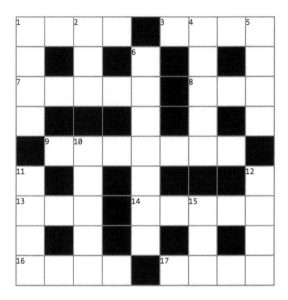

Across

1. their
3. arm
7. skies, heavens
8. by, by means of
   at the rate of, per
9. as if, as though *(5,2)*
13. egg
14. day of the week
16. nothing
17. a *(female)* friend

Down

1. lakes
2. a, an *(fem)*
4. rest
5. lot, fate
   (he, she) goes out
6. example
10. offer
11. heart
12. to say, tell
15. name

No. 123

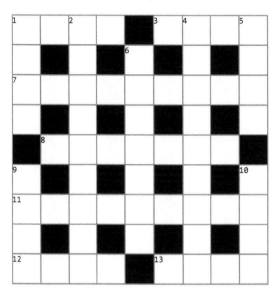

Across

1. with
3. *(you)* have
7. interior
8. family
11. the day after
12. proud
13. notion

Down

1. to act
2. in the middle *(of doing something)* (2,5,2)
4. an old person
5. zero
6. to arrive
   to happen
9. key
   wrench, spanner
10. angel

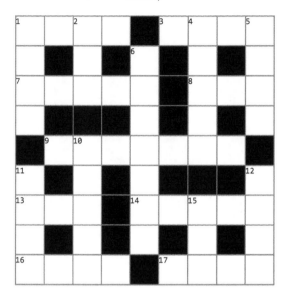

Across

1. roof
3. overly, too, too much
7. pear
8. believed
   raw
9. furniture
13. eye
14. finally, in the end
16. pink
17. to read

Down

1. sort, kind
2. here
4. rich
5. (I) can
6. members
10. they
11. sister
12. eleven
15. faith

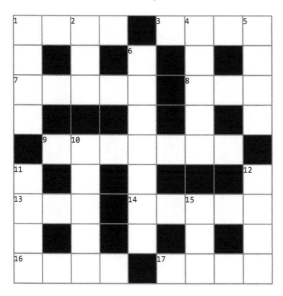

Across

1. pretty
3. time
7. small
8. game
9. artist
13. years
14. named
16. honey
17. tire

Down

1. skirt
2. bed
4. object
5. alone, lone
6. (they) were
10. remainder
11. hunger
12. lived
15. my

Solutions

No. 1

c	o	i	n	■	f	a	i	t
u	■	c	■	f	■	s	■	a
r	e	i	n	e	■	s	û	r
é	■	■	■	r	■	i	■	d
■	c	o	m	m	e	s	i	■
i	■	u	■	i	■	■	■	m
d	i	t	■	e	n	t	r	e
é	■	i	■	r	■	o	■	r
e	l	l	e	■	f	i	l	s

No. 2

p	n	e	u	■	s	e	p	t
a	■	a	■	b	■	l	■	ê
r	o	u	t	e	■	l	i	t
u	■	■	■	s	■	e	■	e
■	r	é	p	o	n	s	e	■
a	■	v	■	i	■	■	■	v
f	o	i	■	n	o	m	m	é
i	■	e	■	s	■	a	■	c
n	o	r	d	■	c	l	o	u

No. 3

m	a	r	i	■	b	o	r	d
o	■	e	■	o	■	u	■	o
d	è	s	■	c	h	i	e	n
e	■	t	■	t	■	■	■	t
■	m	é	m	o	i	r	e	■
b	■	■	■	b	■	i	■	t
a	v	o	i	r	■	c	r	u
n	■	i	■	e	■	h	■	e
c	h	e	r	■	l	e	u	r

No. 4

r	a	n	g	■	a	g	i	r
i	■	e	■	p	■	e	■	o
r	o	i	■	a	i	l	e	s
e	■	g	■	r	■	■	■	e
■	c	e	r	t	a	i	n	■
a	■	■	■	o	■	m	■	l
v	e	r	t	u	■	a	m	i
e	■	u	■	t	■	g	■	e
c	h	e	f	■	s	e	a	u

No. 5

c	r	i	s	■	p	l	u	s
ô	■	d	■	é	■	u	■	o
t	h	é	■	c	r	i	e	r
é	■	e	■	l	■	■	■	t
■	e	s	p	a	c	e	s	■
c	■	■	■	i	■	n	■	v
l	e	v	e	r	■	v	i	e
e	■	i	■	s	■	i	■	r
f	o	n	d	■	c	e	n	t

No. 6

c	e	c	i	■	n	u	i	t
h	■	e	■	a	■	n	■	o
a	r	t	■	f	l	e	u	r
t	■	t	■	f	■	■	■	t
■	t	e	r	r	e	u	r	■
z	■	■	■	e	■	n	■	g
é	c	r	o	u	■	p	u	r
r	■	i	■	x	■	e	■	o
o	n	z	e	■	p	u	i	s

Solutions

No. 7

v	e	n	t	█	f	a	i	m
i	█	o	█	a	█	l	█	a
t	e	m	p	s	█	l	o	i
e	█	█	s	█	e	█	█	s
█	e	n	o	u	t	r	e	█
n	█	o	█	r	█	█	█	t
e	s	t	█	e	n	f	e	r
u	█	r	█	r	█	e	█	è
f	i	e	r	█	v	u	e	s

No. 8

p	â	l	e	█	p	a	y	s
o	█	u	█	p	█	n	█	o
n	o	n	█	a	u	s	s	i
t	█	d	█	r	█	█	█	e
█	v	i	l	l	a	g	e	█
s	█	█	a	█	i	█	█	a
e	n	f	i	n	█	l	a	c
u	█	i	█	t	█	e	█	t
l	o	n	g	█	ê	t	r	e

No. 9

b	a	i	n	█	î	l	e	s
é	█	c	█	l	█	a	█	o
b	o	i	r	e	█	m	o	i
é	█	█	t	█	p	█	█	r
█	m	o	n	t	r	e	r	█
i	█	u	█	r	█	█	█	s
d	i	t	█	e	n	t	r	e
é	█	i	█	s	█	e	█	i
e	l	l	e	█	p	l	a	n

No. 10

f	a	c	e	█	j	e	t	é
o	█	o	█	d	█	n	█	p
r	e	n	c	o	n	t	r	é
t	█	n	█	u	█	r	█	e
█	t	a	b	l	e	a	u	█
d	█	î	█	e	█	i	█	p
r	e	t	o	u	r	n	e	r
a	█	r	█	r	█	d	█	ê
p	i	e	d	█	s	e	p	t

No. 11

c	h	e	r	█	p	a	r	t
u	█	a	█	c	█	r	█	a
r	o	u	t	e	█	m	e	r
é	█	█	r	█	é	█	█	d
█	c	l	a	v	i	e	r	█
n	█	u	█	e	█	█	█	g
o	i	e	█	a	i	m	e	r
r	█	u	█	u	█	a	█	i
d	i	r	e	█	l	i	t	s

No. 12

b	o	i	s	█	g	e	n	s
o	█	l	█	d	█	n	█	o
r	e	s	t	é	█	b	o	n
d	█	█	p	█	a	█	█	s
█	f	a	l	a	i	s	e	█
a	█	d	█	r	█	█	█	v
f	o	i	█	t	a	s	s	e
i	█	e	█	s	█	u	█	r
n	o	u	s	█	p	r	è	s

Solutions

No. 13

m	è	r	e	■	m	o	i	s
o	■	u	■	e	■	n	■	o
d	i	e	u	x	■	c	a	r
e	■	■	a	■	l	■	t	■
■	t	r	o	m	p	e	r	■
a	■	e	■	e	■	■	■	v
v	i	n	■	n	o	m	m	é
i	■	d	■	s	■	o	■	c
s	œ	u	r	■	p	n	e	u

No. 14

t	o	u	r	■	c	i	e	l
y	■	n	■	i	■	m	■	a
p	l	e	i	n	■	a	m	i
e	■	■	■	u	■	g	■	t
■	f	r	o	t	t	e	r	■
i	■	e	■	i	■	■	■	p
l	u	i	■	l	i	v	r	e
y	■	n	■	e	■	i	■	u
a	v	e	c	■	l	e	u	r

No. 15

b	o	l	s	■	b	r	a	s
l	■	u	■	a	■	o	■	o
e	s	t	■	v	o	i	c	i
u	■	t	■	e	■	■	■	n
■	p	e	i	n	t	r	e	■
f	■	■	■	i	■	i	■	q
a	v	o	i	r	■	c	r	u
i	■	u	■	s	■	h	■	o
m	a	i	s	■	c	e	c	i

No. 16

m	o	t	s	■	b	o	u	t
i	■	o	■	é	■	r	■	o
d	o	i	g	t	■	d	u	r
i	■	■	e	■	r	■	t	■
■	c	h	a	n	g	e	r	■
c	■	a	■	d	■	■	■	l
l	a	c	■	u	n	p	e	u
e	■	h	■	e	■	e	■	n
f	i	e	r	■	j	u	p	e

No. 17

c	e	n	t	■	h	a	u	t
e	■	o	■	a	■	l	■	o
r	e	m	i	s	■	l	o	i
f	■	■	■	s	■	e	■	t
■	e	n	o	u	t	r	e	■
h	■	e	■	r	■	■	■	r
i	c	i	■	e	n	v	i	e
e	■	g	■	r	■	u	■	ç
r	i	e	n	■	b	e	a	u

No. 18

d	a	n	s	■	b	a	l	s
r	■	o	■	p	■	u	■	o
a	n	n	é	e	■	c	o	u
p	■	■	■	n	■	u	■	s
■	m	a	i	s	o	n	s	■
a	■	v	■	é	■	■	■	s
m	u	r	■	e	n	t	r	e
i	■	i	■	s	■	e	■	i
e	l	l	e	■	p	l	a	n

Solutions

No. 19

v	o	i	e	■	b	a	i	n
i	■	d	■	c	■	n	■	o
t	h	é	■	a	u	s	s	i
e	■	e	■	r	■	■	■	x
■	e	s	t	o	m	a	c	■
z	■	■	t	■	p	■	■	g
é	c	r	i	t	■	p	u	r
r	■	i	■	e	■	e	■	i
o	n	z	e	■	î	l	e	s

No. 20

m	ê	m	e	■	t	r	è	s
o	■	e	■	r	■	e	■	a
t	e	r	r	e	■	s	o	n
o	■	■	■	n	■	t	■	s
■	a	m	i	t	i	é	s	■
a	■	e	■	r	■	■	■	a
f	i	n	■	e	n	f	i	n
i	■	e	■	r	■	o	■	g
n	o	r	d	■	l	i	r	e

No. 21

m	a	r	i	■	n	o	u	s
o	■	u	■	e	■	f	■	e
d	i	e	u	x	■	f	e	u
e	■	■	■	e	■	r	■	l
■	t	r	o	m	p	e	r	■
v	■	o	■	p	■	■	■	p
e	a	u	■	l	i	b	r	e
n	■	t	■	e	■	o	■	a
t	u	e	r	■	p	n	e	u

No. 22

j	e	t	é	■	c	o	u	p
o	■	o	■	v	■	n	■	r
l	u	n	d	i	■	c	r	i
i	■	■	■	l	■	l	■	x
■	c	o	l	l	i	e	r	■
i	■	u	■	a	■	■	■	v
l	i	t	■	g	a	g	n	é
y	■	i	■	e	■	e	■	c
a	l	l	é	■	c	l	o	u

No. 23

r	a	n	g	■	a	o	û	t
o	■	o	■	p	■	u	■	e
b	u	t	■	a	v	i	o	n
e	■	r	■	r	■	■	■	u
■	c	e	r	t	a	i	n	■
a	■	■	■	o	■	m	■	v
v	e	r	t	u	■	a	m	i
i	■	o	■	t	■	g	■	e
s	o	i	e	■	v	e	r	s

No. 24

s	i	n	o	n	■	l	a	c
u	■	o	■	e	■	e	■	o
r	e	t	o	u	r	n	e	r
■	■	a	■	f	■	d	■	p
l	i	m	e	■	g	e	n	s
è	■	m	■	c	■	m	■	■
v	i	e	i	l	l	a	r	d
r	■	n	■	e	■	i	■	u
e	s	t	■	f	i	n	i	r

Solutions

No. 25

f	ê	t	e	■	b	r	a	s
a	■	o	■	i	■	e	■	œ
c	h	i	e	n	■	p	e	u
e	■	■	■	c	■	a	■	r
■	r	é	p	o	n	s	e	.
c	l	■	n	■	■	■	■	p
u	n	e	■	n	e	i	g	e
r	■	v	■	u	■	c	■	u
é	p	é	e	■	h	i	e	r

No. 26

m	o	i	s	■	v	e	r	t
o	■	l	■	f	■	l	■	o
t	a	s	s	e	■	l	u	i
s	■	■	r	■	e	■	t	
■	c	h	e	m	i	s	e	■
a	■	o	■	i	■	■	ê	
v	i	n	■	e	f	f	e	t
e	■	t	■	r	■	i	■	r
c	h	e	z	■	e	l	l	e

No. 27

a	n	s	■	j	u	p	e	s
i	■	e	■	o	■	e	■	û
d	é	c	o	u	v	r	i	r
e	■	o	■	e	■	s	■	
s	o	u	s	■	d	o	n	c
■	r	■	î	■	n	■	i	
a	m	b	u	l	a	n	c	e
r	■	e	■	e	■	e	■	u
t	o	r	t	s	■	s	i	x

No. 28

c	h	o	u	■	c	œ	u	r
ô	■	u	■	a	■	i	■	i
t	ô	t	■	f	i	l	l	e
é	■	r	■	f	■	■	n	
■	t	e	r	r	e	u	r	■
z	■	■	e	■	n	■	p	
é	c	r	o	u	■	p	u	r
r	■	i	■	x	■	e	■	i
o	n	z	e	■	v	u	e	s

No. 29

c	i	t	é	■	d	e	n	t
a	■	o	■	a	■	a	■	u
f	o	u	■	j	a	u	n	e
é	■	r	■	o	■	■	r	
■	a	s	s	u	r	e	r	■
p	■	■	t	■	n	■	f	
l	i	b	r	e	■	f	o	i
u	■	o	■	r	■	e	■	l
s	o	n	s	■	t	r	è	s

No. 30

t	ê	t	e	■	a	b	r	i
r	■	u	■	e	■	o	■	d
o	c	é	a	n	■	t	h	é
p	■	■	■	v	■	t	■	e
■	a	r	r	i	v	e	r	■
a	■	e	■	r	■	■	s	
f	i	n	■	o	m	b	r	e
i	■	d	■	n	■	a	■	i
n	o	u	s	■	p	l	a	n

Solutions

No. 31

r	o	b	e	■	f	a	i	m
o	■	o	■	é	■	v	■	a
s	a	l	u	t	■	a	m	i
e	■	■	■	o	■	n	■	s
■	a	r	t	i	s	t	e	■
d	■	e	■	l	■	■	■	s
r	o	i	■	e	n	t	r	e
a	■	n	■	s	■	e	■	a
p	i	e	d	■	b	l	e	u

No. 32

v	i	t	e	■	c	r	i	s
é	■	i	■	a	■	u	■	o
l	i	t	■	f	l	e	u	r
o	■	r	■	i	■	■	■	t
■	p	e	i	n	t	r	e	■
a	■	■	■	q	■	e	■	c
g	e	n	o	u	■	s	e	l
i	■	o	■	e	■	t	■	o
r	a	n	g	■	v	é	c	u

No. 33

t	o	u	t	■	b	o	r	d
y	■	n	■	a	■	n	■	i
p	l	e	i	n	■	c	a	r
e	■	■	■	n	■	l	■	e
■	e	n	v	o	y	e	r	■
c	■	e	■	n	■	■	■	c
l	o	i	■	c	o	m	m	e
e	■	g	■	é	■	e	■	n
f	i	e	r	■	p	r	ê	t

No. 34

s	o	i	n	■	b	r	a	s
e	■	c	■	e	■	e	■	o
p	o	i	d	s	■	m	a	i
t	■	■	■	p	■	i	■	e
■	f	a	l	a	i	s	e	■
d	■	u	■	c	■	■	■	a
e	s	t	■	e	n	f	i	n
l	■	r	■	s	■	i	■	g
a	v	e	c	■	e	l	l	e

No. 35

f	a	c	e	■	v	e	n	t
o	■	r	■	s	■	l	■	o
r	o	u	g	e	■	l	u	i
t	■	■	■	c	■	e	■	t
■	r	é	p	o	n	s	e	■
l	■	v	■	n	■	■	■	g
o	u	i	■	d	é	s	i	r
i	■	e	■	e	■	û	■	o
n	o	r	d	■	p	r	è	s

No. 36

a	r	t	■	a	u	s	s	i
p	■	o	■	v	■	o	■	l
p	l	u	s	i	e	u	r	s
e	■	t	■	s	■	v	■	■
l	i	e	u	■	n	e	u	f
■	■	f	■	ê	■	n	■	u
t	r	o	t	t	o	i	r	s
ô	■	i	■	r	■	r	■	i
t	a	s	s	e	■	s	o	l

Solutions

No. 37

m	o	t	o	█	c	i	t	é
o	█	o	█	e	█	d	█	p
d	e	n	t	s	█	é	t	é
e	█	█	█	s	█	e	█	e
█	i	m	m	e	n	s	e	█
c	█	i	█	n	█	█	█	v
œ	i	l	█	c	e	t	t	e
u	█	l	█	e	█	o	█	r
r	i	e	n	█	f	i	l	s

No. 38

b	i	e	n	█	s	o	u	s
é	█	a	█	e	█	m	█	o
b	o	u	t	s	█	b	o	n
é	█	█	█	p	█	r	█	s
█	p	a	r	o	l	e	s	█
a	█	i	█	i	█	█	█	j
f	i	n	█	r	e	n	d	u
i	█	s	█	s	█	o	█	p
n	o	i	x	█	a	m	i	e

No. 39

p	a	r	u	█	d	r	a	p
l	█	e	█	a	█	o	█	n
a	m	i	█	f	u	i	t	e
n	█	n	█	f	█	█	█	u
█	t	e	r	r	e	u	r	█
z	█	█	█	e	█	n	█	v
é	c	r	o	u	█	p	u	r
r	█	i	█	x	█	e	█	a
o	n	z	e	█	q	u	o	i

No. 40

p	a	g	e	█	f	o	u	r
e	█	e	█	c	█	r	█	o
a	l	l	é	e	█	d	è	s
u	█	█	█	r	█	r	█	e
█	c	o	u	c	h	e	r	█
s	█	f	█	l	█	█	█	b
œ	u	f	█	e	n	t	r	e
u	█	r	█	s	█	e	█	a
r	u	e	s	█	c	l	o	u

No. 41

c	o	u	s	█	g	r	i	s
a	█	n	█	t	█	e	█	e
f	l	e	u	r	█	p	e	u
é	█	█	█	o	█	o	█	l
█	c	o	m	m	e	s	i	█
i	█	u	█	p	█	█	█	p
l	i	t	█	e	n	v	i	e
y	█	i	█	r	█	i	█	u
a	l	l	é	█	l	e	u	r

No. 42

m	ê	m	e	█	î	l	e	s
i	█	a	█	é	█	a	█	o
d	o	i	g	t	█	m	e	r
i	█	█	█	o	█	p	█	t
█	n	a	v	i	r	e	s	█
c	█	d	█	l	█	█	█	b
l	o	i	█	e	n	f	e	r
e	█	e	█	s	█	o	█	a
f	e	u	x	█	v	u	e	s

Solutions

No. 43

f	o	i	s	■	c	r	i	s
a	■	c	■	a	■	ê	■	a
c	r	i	e	r	■	v	i	n
e	■	■	m	■	e	■	■	s
■	r	é	p	o	n	s	e	■
j	■	l	■	i	■	■	■	v
o	i	e	■	r	e	s	t	é
l	■	v	■	e	■	e	■	c
i	d	é	e	■	b	l	e	u

No. 44

a	i	d	e	■	n	o	u	s
i	■	î	■	b	■	u	■	a
m	o	n	■	a	v	i	o	n
é	■	e	l	l	e	■	■	g
■	c	r	u	■	n	e	z	■
c	■	■	n	e	u	f	■	d
e	l	l	e	s	■	f	o	i
r	■	u	■	t	■	e	■	r
f	a	i	t	■	ê	t	r	e

No. 45

j	u	i	n	■	c	i	t	é
e	■	d	■	a	■	l	■	p
t	h	é	■	p	a	s	s	é
é	■	e	■	p	■	■	■	e
■	e	s	s	e	n	c	e	■
a	■	■	■	l	■	e	■	f
g	e	n	r	e	■	t	o	i
i	■	o	■	r	■	t	■	l
r	a	n	g	■	g	e	n	s

No. 46

l	i	r	e	■	p	r	ê	t
a	■	e	■	p	■	e	■	u
c	o	n	n	a	î	t	r	e
s	■	c	■	n	■	o	■	r
■	h	o	n	n	e	u	r	■
d	■	n	■	e	■	r	■	s
e	n	t	r	a	i	n	d	e
l	■	r	■	u	■	e	■	i
a	v	e	c	■	b	r	u	n

No. 47

l	o	n	g	■	c	œ	u	r
i	■	o	■	a	■	i	■	i
m	e	t	■	f	i	l	l	e
e	■	r	■	f	■	■	■	n
■	t	e	r	r	e	u	r	■
z	■	■	■	e	■	n	■	t
é	c	r	o	u	■	p	u	r
r	■	i	■	x	■	e	■	è
o	n	z	e	■	o	u	r	s

No. 48

p	i	e	d	■	m	a	i	s
a	■	a	■	p	■	y	■	o
r	o	u	g	e	■	a	m	i
t	■	■	■	i	■	n	■	e
■	h	o	n	n	ê	t	e	■
s	■	f	■	t	■	■	■	b
œ	u	f	■	r	è	g	l	e
u	■	r	■	e	■	e	■	a
r	u	e	s	■	c	l	o	u

Solutions

No. 49

t	a	r	d	■	t	o	r	t
y	■	o	■	a	■	r	■	ê
p	o	i	d	s	■	d	i	t
e	■	■	s	■	r	■	■	e
■	n	a	t	u	r	e	l	■
a	■	i	■	r	■	■	■	v
f	i	n	■	e	n	t	r	e
i	■	s	■	r	■	■	e	r
n	u	i	t	■	p	l	u	s

No. 50

c	a	s	■	a	s	s	i	s
l	■	u	■	v	■	o	■	û
e	x	p	l	i	q	u	e	r
f	■	é	■	s	■	v	■	■
s	o	r	t	■	c	e	l	a
■	■	i	■	m	■	n	■	v
c	h	e	v	a	l	i	e	r
e	■	u	■	r	■	r	■	i
s	e	r	v	i	■	s	o	l

No. 51

m	ê	m	e	■	p	l	a	n
o	■	o	■	é	■	a	■	o
d	o	i	g	t	■	m	u	r
e	■	■	■	r	■	p	■	d
■	e	s	p	a	c	e	s	■
a	■	a	■	n	■	■	■	j
b	o	n	■	g	e	n	o	u
r	■	t	■	e	■	o	■	g
i	d	é	e	■	a	m	i	e

No. 52

m	o	t	o	■	t	o	u	r
o	■	o	■	c	■	m	■	o
t	e	n	i	r	■	b	a	s
s	■	■	i	■	r	■	e	
■	m	a	n	q	u	e	r	■
î	■	v	■	u	■	■	■	a
l	o	i	■	e	n	f	i	n
e	■	o	■	s	■	e	■	g
s	o	n	s	■	j	u	p	e

No. 53

b	o	i	s	■	g	e	n	s
é	■	c	■	f	■	l	■	o
b	r	i	s	e	■	l	u	i
é	■	■	■	r	■	e	■	r
■	c	o	m	m	e	s	i	■
i	■	u	■	i	■	■	■	ê
l	i	t	■	e	f	f	e	t
y	■	i	■	r	■	o	■	r
a	l	l	é	■	v	i	t	e

No. 54

b	o	u	t	■	t	r	o	p
a	■	n	■	f	■	e	■	e
l	u	e	u	r	■	p	e	u
s	■	■	■	o	■	o	■	r
■	c	h	e	m	i	s	e	■
c	■	ô	■	a	■	■	■	r
e	s	t	■	g	e	n	r	e
r	■	e	■	e	■	o	■	ç
f	i	l	s	■	p	n	e	u

Solutions

No. 55

b	r	a	s	■	d	o	n	c
ê	■	d	■	a	■	u	■	ô
t	o	i	■	p	o	i	n	t
e	■	e	■	p	■	■	■	e
■	d	u	r	e	s	t	e	■
a	■	■	l	■	â	■	■	m
c	o	m	m	e	■	c	r	i
t	■	a	■	r	■	h	■	e
e	l	l	e	■	s	e	u	l

No. 56

b	u	t	s	■	a	g	i	r
e	■	a	■	a	■	e	■	u
a	n	s	■	f	i	l	l	e
u	■	s	■	i	■	■	■	s
■	p	e	i	n	t	r	e	■
z	■	■	q	■	e	■	■	b
é	c	r	o	u	■	s	e	l
r	■	i	■	e	■	t	■	e
o	n	z	e	■	v	é	c	u

No. 57

c	a	f	é	■	r	o	i	s
ô	■	e	■	r	■	b	■	o
t	e	r	r	e	■	j	e	u
é	■	■	v	■	e	■	■	s
■	m	o	m	e	n	t	s	■
b	■	u	■	n	■	■	■	v
a	r	t	■	i	m	a	g	e
n	■	r	■	r	■	m	■	n
c	h	e	f	■	l	i	e	u

No. 58

l	o	r	s	■	p	r	ê	t
a	■	e	■	p	■	e	■	u
c	o	n	n	a	î	t	r	e
s	■	c	■	n	■	o	■	r
■	h	o	n	n	e	u	r	■
c	■	n	■	e	■	r	■	s
e	n	t	r	a	i	n	d	e
l	■	r	■	u	■	e	■	i
a	v	e	c	■	b	r	u	n

No. 59

f	ê	t	e	■	r	i	e	n
i	■	o	■	n	■	l	■	u
n	o	m	■	a	u	s	s	i
i	■	b	■	v	■	■	■	t
■	s	é	r	i	e	u	x	■
c	■	■	r	■	n	■	■	g
l	a	m	p	e	■	p	u	r
e	■	e	■	s	■	e	■	i
f	o	r	t	■	o	u	r	s

No. 60

a	i	m	é	■	c	o	u	r
i	■	o	■	é	■	r	■	o
d	o	i	g	t	■	d	o	s
e	■	■	o	■	r	■	■	e
■	a	r	r	i	v	e	r	■
n	■	o	■	l	■	■	■	v
e	a	u	■	e	n	t	r	e
u	■	t	■	s	■	e	■	r
f	i	e	r	■	p	l	u	s

Solutions

No. 61

l	i	t	s	■	p	l	a	n
i	■	e	■	a	■	e	■	o
m	o	n	■	d	é	s	i	r
e	■	i	■	r	■	■	■	d
■	o	r	t	e	i	l	s	■
d	■	■	■	s	■	è	■	c
a	i	l	e	s	■	v	i	e
n	■	o	■	e	■	r	■	n
s	o	i	r	■	v	e	r	t

No. 62

a	l	l	é	■	b	a	i	n
b	■	u	■	c	■	i	■	o
r	e	i	n	e	■	m	a	i
i	■	■	■	r	■	e	■	r
■	m	a	n	i	è	r	e	■
a	■	i	■	s	■	■	■	a
f	i	n	■	e	n	f	i	n
i	■	s	■	s	■	e	■	g
n	o	i	x	■	j	u	p	e

No. 63

j	u	i	n	■	v	u	e	s
e	■	d	■	a	■	n	■	o
t	h	é	■	f	l	e	u	r
é	■	e	■	f	■	■	■	t
■	e	s	p	r	i	t	s	■
p	■	■	■	e	■	â	■	f
r	e	n	d	u	■	c	r	u
i	■	o	■	x	■	h	■	i
s	a	n	g	■	p	e	u	r

No. 64

p	r	i	x	■	n	o	u	s
e	■	c	■	e	■	f	■	œ
a	v	i	o	n	■	f	o	u
u	■	■	■	f	■	r	■	r
■	b	a	n	a	n	e	s	■
c	■	l	■	n	■	■	■	s
œ	i	l	■	c	e	t	t	e
u	■	é	■	e	■	o	■	u
r	u	e	s	■	c	i	e	l

No. 65

c	ô	t	é	■	c	h	a	t
e	■	o	■	h	■	i	■	e
c	o	n	n	u	■	v	i	n
i	■	■	■	m	■	e	■	u
■	m	o	t	e	u	r	s	■
i	■	u	■	u	■	■	■	v
d	i	t	■	r	e	s	t	é
é	■	i	■	s	■	e	■	c
e	l	l	e	■	b	l	e	u

No. 66

b	i	e	n	■	r	a	n	g
é	■	l	■	o	■	m	■	a
b	o	l	■	c	h	i	e	n
é	■	e	■	c	■	■	■	t
■	a	s	s	u	r	e	r	■
f	■	■	■	p	■	n	■	î
o	n	g	l	e	■	f	i	l
n	■	e	■	r	■	e	■	e
d	e	l	a	■	g	r	o	s

Solutions

No. 67

c	i	t	é	■	l	o	n	g
h	■	ô	■	d	■	m	■	e
o	u	t	r	e	■	b	o	n
u	■	■	r	■	r	■	■	s
■	c	h	a	n	g	e	r	■
d	■	a	■	i	■	■	■	ê
o	u	i	■	e	f	f	e	t
n	■	n	■	r	■	o	■	r
c	h	e	r	■	v	i	t	e

No. 68

l	i	r	e	■	h	a	u	t
a	■	e	■	d	■	u	■	u
c	o	n	c	o	m	b	r	e
s	■	c	■	n	■	e	■	r
■	m	o	i	n	d	r	e	■
b	■	n	■	a	■	g	■	p
a	t	t	e	n	t	i	o	n
n	■	r	■	t	■	n	■	e
c	h	e	z	■	s	e	a	u

No. 69

r	ê	v	e	■	c	r	i	s
o	■	i	■	c	■	o	■	o
b	a	l	■	a	d	i	e	u
e	■	l	■	r	■	■	■	s
■	s	e	c	o	n	d	e	■
z	■	■	t	■	é	■	p	
é	c	r	i	t	■	s	o	l
r	■	i	■	e	■	i	■	u
o	n	z	e	■	t	r	è	s

No. 70

s	o	i	n	■	i	l	y	a
e	■	l	■	f	■	i	■	c
p	a	s	s	é	■	b	u	t
t	■	■	■	v	■	r	■	e
■	e	n	t	r	é	e	s	■
c	■	o	■	i	■	■	■	n
l	i	t	■	e	n	v	i	e
e	■	r	■	r	■	i	■	u
f	i	e	r	■	c	e	r	f

No. 71

s	a	n	s	■	l	a	i	t
a	■	o	■	p	■	n	■	o
n	o	m	■	a	u	s	s	i
g	■	m	■	r	■	■	■	t
■	r	é	p	o	n	s	e	■
a	■	■	■	l	■	a	■	a
f	i	l	l	e	■	l	u	i
i	■	o	■	s	■	l	■	m
n	u	i	t	■	j	e	t	é

No. 72

m	o	r	t	■	b	r	a	s
i	■	o	■	a	■	u	■	o
e	a	u	■	f	l	e	u	r
n	■	t	■	f	■	■	■	t
■	t	e	r	r	e	u	r	■
g	■	■	■	e	■	n	■	p
r	e	n	d	u	■	p	a	r
i	■	o	■	x	■	e	■	i
s	o	n	s	■	p	u	i	s

Solutions

No. 73

c	o	i	n	■	p	l	a	n
i	■	c	■	r	■	a	■	o
n	e	i	g	e	■	m	o	i
q	■	■	■	n	■	p	■	r
■	m	o	n	t	r	e	s	■
a	■	f	■	r	■	■	■	t
v	i	f	■	e	n	t	r	e
e	■	r	■	r	■	o	■	n
c	i	e	l	■	l	i	e	u

No. 74

c	o	u	p	■	p	o	n	t
e	■	n	■	e	■	b	■	o
l	i	e	u	s	■	j	e	u
a	■	■	■	p	■	e	■	t
■	d	é	p	a	r	t	s	■
j	■	l	■	c	■	■	■	a
o	i	e	■	e	n	f	i	n
l	■	v	■	s	■	e	■	g
i	d	é	e	■	j	u	p	e

No. 75

m	i	d	i	■	l	o	i	n
o	■	i	■	e	■	n	■	o
t	ê	t	e	s	■	c	a	r
o	■	■	■	p	■	l	■	d
■	s	o	i	r	é	e	s	■
a	■	u	■	i	■	■	■	v
m	o	t	■	t	o	m	b	é
i	■	i	■	s	■	a	■	c
e	l	l	e	■	b	l	e	u

No. 76

p	a	r	t	■	p	e	u	r
â	■	i	■	l	■	s	■	i
l	a	c	■	a	u	t	r	e
e	■	h	■	i	■	■	■	n
■	d	e	s	s	e	i	n	■
f	■	■	■	s	■	m	■	f
a	r	m	é	e	■	a	m	i
i	■	u	■	r	■	g	■	l
m	e	r	s	■	v	e	r	s

No. 77

c	u	r	é	■	g	a	n	t
e	■	e	■	c	■	u	■	u
c	o	n	c	o	m	b	r	e
i	■	c	■	u	■	e	■	r
■	s	o	u	r	i	r	e	■
b	■	n	■	a	■	g	■	p
a	t	t	e	n	t	i	o	n
n	■	r	■	t	■	n	■	e
c	h	e	z	■	r	e	ç	u

No. 78

b	a	i	n	■	s	o	u	s
u	■	d	■	n	■	u	■	e
t	h	é	■	a	d	i	e	u
s	■	e	■	t	u	■	■	l
■	a	s	s	u	r	e	r	■
f	■	■	■	o	r	■	n	î
o	n	g	l	e	■	f	i	l
n	■	e	■	l	■	e	■	e
d	e	l	a	■	g	r	o	s

Solutions

No. 79

f	o	i	s	■	m	o	i	s
ê	■	l	■	s	■	m	■	a
t	a	s	s	e	■	b	o	n
e	■	■	■	m	■	r	■	g
■	v	o	y	a	g	e	s	■
c	■	u	■	i	■	■	■	b
l	i	t	■	n	o	m	m	é
e	■	r	■	e	■	a	■	b
f	i	e	r	■	c	i	t	é

No. 80

l	e	s	■	l	i	m	e	s
u	■	u	■	a	■	o	■	û
e	x	p	l	i	q	u	e	r
u	■	é	■	t	■	c	■	■
r	i	r	e	■	c	h	a	t
■	■	i	■	m	■	o	■	i
c	h	e	v	a	l	i	e	r
e	■	u	■	r	■	r	■	e
s	e	r	v	i	■	s	u	r

No. 81

b	i	e	n	■	g	r	i	s
o	■	a	■	r	■	e	■	a
r	o	u	g	e	■	s	o	n
d	■	■	■	n	■	t	■	s
■	a	m	i	t	i	é	s	■
a	■	a	■	r	■	■	■	ê
f	e	r	■	e	f	f	e	t
i	■	d	■	r	■	o	■	r
n	u	i	t	■	d	i	r	e

No. 82

v	e	n	t	■	p	r	è	s
é	■	o	■	m	■	e	■	o
l	u	n	d	i	■	p	a	r
o	■	■	■	r	■	a	■	t
■	r	é	p	o	n	s	e	■
i	■	p	■	i	■	■	■	l
l	o	i	■	r	e	i	n	e
y	■	c	■	s	■	c	■	u
a	v	e	c	■	h	i	e	r

No. 83

t	o	u	t	■	c	h	e	f
y	■	n	■	e	■	i	■	i
p	l	e	i	n	■	v	i	n
e	■	■	■	c	■	e	■	i
■	r	a	s	o	i	r	s	■
c	■	l	■	u	■	■	■	j
œ	i	l	■	r	e	n	d	u
u	■	é	■	s	■	o	■	g
r	u	e	s	■	a	m	i	e

No. 84

p	a	r	u	■	p	r	ê	t
o	■	o	■	f	■	e	■	ê
n	e	i	g	e	■	m	e	t
t	■	■	■	r	■	i	■	e
■	c	o	m	m	e	s	i	■
i	■	u	■	i	■	■	■	g
d	i	t	■	e	n	t	r	e
é	■	i	■	r	■	o	■	n
e	l	l	e	■	v	i	e	s

Solutions

No. 85

v	r	a	i	■	m	e	r	s
é	■	m	■	o	■	l	■	o
c	r	i	e	r	■	l	u	i
u	■	■	■	t	■	e	■	r
■	a	d	r	e	s	s	e	■
f	■	é	■	i	■	■	■	a
a	n	s	■	l	a	p	i	n
i	■	i	■	s	■	e	■	g
m	o	r	t	■	l	u	n	e

No. 86

c	a	f	é	■	f	o	u	r
e	■	o	■	e	■	r	■	o
c	o	u	p	s	■	d	o	s
i	■	■	■	t	■	r	■	e
■	e	n	v	o	y	e	r	■
v	■	o	■	m	■	■	■	b
e	s	t	■	a	i	d	e	r
r	■	r	■	c	■	u	■	a
t	u	e	r	■	c	r	i	s

No. 87

l	i	t	s	■	g	r	o	s
a	■	o	■	o	■	i	■	e
c	o	n	n	u	■	c	r	u
s	■	■	■	b	■	h	■	l
■	v	a	l	l	é	e	s	■
f	■	v	■	i	■	■	■	p
o	u	i	■	e	n	f	e	r
n	■	o	■	r	■	e	■	i
d	o	n	t	■	v	u	e	s

No. 88

s	e	a	u	■	g	a	n	t
e	■	u	■	a	■	r	■	a
p	a	s	■	j	e	t	e	r
t	■	s	■	o	■	■	■	d
■	l	i	q	u	e	u	r	■
p	■	■	■	t	■	n	■	t
a	r	m	é	e	■	p	u	r
i	■	o	■	r	■	e	■	è
n	o	i	r	■	o	u	r	s

No. 89

r	o	b	e	■	a	i	m	é
i	■	o	■	e	■	d	■	p
r	a	n	g	s	■	é	t	é
e	■	■	■	s	■	e	■	e
■	i	m	m	e	n	s	e	■
a	■	i	■	n	■	■	■	p
g	e	l	■	c	o	m	m	e
i	■	l	■	e	■	a	■	u
r	i	e	n	■	f	i	e	r

No. 90

m	ê	m	e	■	p	r	è	s
o	■	o	■	l	■	e	■	a
t	a	n	t	e	■	s	o	n
o	■	■	■	t	■	t	■	s
■	a	m	i	t	i	é	s	■
a	■	a	■	r	■	■	■	o
f	e	r	■	e	n	f	i	n
i	■	d	■	s	■	o	■	z
n	o	i	x	■	l	i	m	e

Solutions

No. 91

j	o	l	i	■	h	a	u	t
u	■	o	■	e	■	p	■	o
p	o	i	d	s	■	p	a	r
e	■	■	■	p	e	■	t	
■	c	h	o	r	a	l	e	■
d	■	e	■	i	■	■	j	
e	a	u	■	t	a	s	s	e
l	■	r	■	s	■	e	■	t
a	v	e	c	■	a	l	l	é

No. 92

c	a	s	■	r	e	m	i	s
l	■	u	■	o	■	o	■	u
e	x	p	l	i	q	u	e	r
f	■	é	■	s	■	c	■	
s	o	r	t	■	c	h	a	t
■	■	i	■	f	■	o	■	i
c	h	e	v	a	l	i	e	r
e	■	u	■	c	■	r	■	e
s	é	r	i	e	■	s	û	r

No. 93

d	o	n	c	■	c	i	n	q
e	■	o	■	a	■	c	■	u
n	o	m	■	f	a	i	r	e
t	■	m	■	f	■	■	l	
■	f	é	v	r	i	e	r	■
p	■	■	e	■	n	■	p	
r	e	n	d	u	■	v	i	n
ê	■	o	■	x	■	i	■	e
t	a	n	t	■	t	e	n	u

No. 94

c	i	t	é	■	f	a	i	m
h	■	h	■	e	■	l	■	a
o	c	é	a	n	■	l	u	i
u	■	■	v	■	e	■	s	
■	p	a	p	i	e	r	s	■
c	■	l	■	r	■	■	m	
œ	i	l	■	o	m	b	r	e
u	■	é	■	n	■	a	■	r
r	u	e	s	■	î	l	e	s

No. 95

t	o	u	t	■	i	l	y	a
y	■	n	■	a	■	u	■	v
p	l	e	i	n	■	t	o	i
e	■	■	g	■	t	■	s	
■	c	o	l	l	i	e	r	■
i	■	u	■	a	■	■	c	
d	i	t	■	i	m	a	g	e
é	■	i	■	s	■	m	■	c
e	l	l	e	■	f	i	n	i

No. 96

v	e	n	u	■	b	o	u	t
i	■	o	■	é	■	u	■	u
e	s	t	■	c	r	i	m	e
s	■	r	■	l	■	■	r	
■	m	e	n	a	c	e	s	■
b	■	■	i	■	n	■	v	
a	v	o	i	r	■	t	u	é
n	■	i	■	s	■	r	■	c
c	h	e	z	■	p	e	a	u

Solutions

No. 97

c	a	r	■	p	e	t	i	t
h	■	e	■	o	■	o	■	o
a	t	t	e	n	t	i	o	n
u	■	o	■	t	■	l	■	■
d	o	u	x	■	c	e	r	f
■	■	r	■	m	■	t	■	u
d	e	n	t	i	s	t	e	s
è	■	e	■	d	■	e	■	i
s	e	r	v	i	■	s	o	l

No. 98

m	o	d	e	■	m	i	e	l
ê	■	é	■	p	■	l	■	a
m	i	s	■	a	u	s	s	i
e	■	i	■	r	■	■	■	t
■	a	r	m	o	i	r	e	■
c	■	■	■	l	■	i	■	l
h	o	m	m	e	■	c	r	i
e	■	a	■	s	■	h	■	t
f	a	i	t	■	v	e	r	s

No. 99

p	o	r	t	■	l	a	c	s
l	■	e	■	i	■	r	■	o
a	n	s	■	m	a	t	i	n
n	■	t	■	m	■	■	■	s
■	r	é	v	e	i	l	s	■
p	■	■	■	n	■	a	■	f
e	n	b	a	s	■	m	o	i
u	■	o	■	e	■	p	■	l
r	a	n	g	■	g	e	n	s

No. 100

j	e	t	é	■	z	é	r	o
u	■	e	■	é	■	c	■	n
g	i	l	e	t	■	r	i	z
e	■	■	■	o	■	i	■	e
■	a	r	t	i	s	t	e	■
d	■	e	■	l	■	■	■	ê
r	o	i	■	e	f	f	e	t
a	■	n	■	s	■	e	■	r
p	i	e	d	■	j	u	p	e

No. 101

h	i	e	r	■	c	h	e	r
o	■	a	■	p	■	i	■	i
r	o	u	t	e	■	v	u	e
s	■	■	■	i	■	e	■	n
■	m	o	i	n	d	r	e	■
a	■	f	■	t	■	■	■	s
v	i	f	■	r	e	s	t	e
e	■	r	■	e	■	u	■	n
c	l	e	f	■	t	r	è	s

No. 102

m	o	t	o	■	ê	t	e	s
o	■	ô	■	c	■	â	■	œ
t	i	t	r	e	■	c	r	u
s	■	■	■	r	■	h	■	r
■	c	o	u	c	h	e	r	■
c	■	u	■	l	■	■	■	a
o	n	t	■	e	n	f	i	n
u	■	r	■	s	■	o	■	g
p	n	e	u	■	v	i	t	e

Solutions

No. 103

b	a	i	e	■	f	i	e	r
u	■	d	■	a	■	c	■	o
t	h	é	■	p	o	i	d	s
s	■	e	■	p	■	■	■	e
■	e	s	s	e	n	c	e	■
a	■	■	■	l	■	e	■	b
g	é	n	i	e	■	s	e	l
i	■	o	■	r	■	s	■	e
r	e	n	d	■	b	e	a	u

No. 104

t	a	n	t	■	î	l	e	s
y	■	o	■	r	■	a	■	e
p	o	m	m	e	■	p	a	r
e	■	■	■	n	■	i	■	a
■	i	n	s	t	a	n	t	■
i	■	e	■	r	■	■	■	y
l	u	i	■	e	n	v	i	e
y	■	g	■	r	■	i	■	u
a	v	e	z	■	v	e	u	x

No. 105

t	r	o	p	■	h	a	u	t
a	■	b	■	d	■	u	■	u
r	e	s	s	e	m	b	l	e
d	■	c	■	v	■	e	■	r
■	l	u	m	i	è	r	e	■
a	■	r	■	e	■	g	■	v
b	a	i	g	n	o	i	r	e
r	■	t	■	t	■	n	■	n
i	d	é	e	■	c	e	n	t

No. 106

b	a	l	s	■	b	o	i	s
i	■	u	■	a	■	u	■	o
e	s	t	■	c	h	i	e	n
n	■	t	■	h	■	■	■	t
■	r	e	v	e	n	i	r	■
a	■	■	■	t	■	m	■	c
c	o	m	m	e	■	a	m	i
t	■	a	■	r	■	g	■	e
e	l	l	e	■	s	e	u	l

No. 107

c	o	u	r	■	b	o	u	t
i	■	n	■	a	■	n	■	o
t	i	e	n	s	■	c	o	u
é	■	■	■	s	■	l	■	r
■	n	a	t	u	r	e	l	■
a	■	i	■	r	■	■	■	r
f	i	n	■	e	n	t	r	e
i	■	s	■	r	■	o	■	ç
n	o	i	x	■	l	i	e	u

No. 108

f	a	i	s	■	a	v	i	s
ê	■	l	■	h	■	e	■	e
t	a	s	s	e	■	s	û	r
e	■	■	■	u	■	t	■	t
■	e	n	t	r	é	e	s	■
b	■	o	■	e	■	■	■	j
a	r	t	■	u	n	p	e	u
n	■	r	■	x	■	u	■	g
c	h	e	z	■	p	r	i	e

Solutions

No. 109

m	a	r	s	▪	s	a	n	g
o	▪	u	▪	e	▪	s	▪	e
d	i	e	u	x	▪	s	o	n
e	▪	▪	▪	e	▪	i	▪	s
▪	c	h	e	m	i	s	e	▪
d	▪	u	▪	p	▪	▪	▪	l
r	o	i	▪	l	i	v	r	e
a	▪	l	▪	e	▪	u	▪	u
p	i	e	d	▪	p	e	u	r

No. 110

p	a	s	▪	a	i	d	e	s
r	▪	u	▪	m	▪	o	▪	u
e	x	p	l	i	q	u	e	r
n	▪	é	▪	e	▪	c	▪	▪
d	i	r	e	▪	n	e	u	f
▪	▪	i	▪	p	▪	m	▪	u
o	r	e	i	l	l	e	r	s
n	▪	u	▪	u	▪	n	▪	i
t	o	r	t	s	▪	t	e	l

No. 111

c	e	l	a	▪	s	e	n	t
h	▪	o	▪	a	▪	n	▪	e
a	d	i	e	u	▪	b	o	n
t	▪	▪	▪	m	▪	a	▪	u
▪	r	é	p	o	n	s	e	▪
f	▪	t	▪	i	▪	▪	▪	v
e	a	u	▪	n	o	m	m	é
r	▪	d	▪	s	▪	o	▪	c
a	v	e	c	▪	p	n	e	u

No. 112

m	o	t	s	▪	s	a	n	s
ê	▪	o	▪	g	▪	r	▪	o
m	e	n	e	r	▪	m	e	r
e	▪	▪	▪	o	▪	é	▪	t
▪	m	o	n	t	r	e	s	▪
c	▪	f	▪	t	▪	▪	▪	ê
œ	u	f	▪	e	f	f	e	t
u	▪	r	▪	s	▪	o	▪	e
r	i	e	n	▪	m	u	r	s

No. 113

b	a	i	e	▪	s	o	i	r
o	▪	c	▪	m	▪	r	▪	o
r	e	i	n	e	▪	d	i	s
d	▪	▪	▪	s	▪	r	▪	e
▪	g	r	o	u	p	e	s	▪
c	▪	i	▪	r	▪	▪	▪	a
l	a	c	▪	e	n	f	i	n
e	▪	h	▪	s	▪	e	▪	g
f	i	e	r	▪	j	u	p	e

No. 114

p	a	g	e	▪	m	a	i	s
l	▪	e	▪	e	▪	c	▪	œ
a	i	l	e	s	▪	c	r	u
n	▪	▪	▪	p	▪	è	▪	r
▪	f	a	l	a	i	s	e	▪
i	▪	u	▪	c	▪	▪	▪	b
l	i	t	▪	e	n	f	e	r
y	▪	r	▪	s	▪	o	▪	u
a	v	e	z	▪	b	i	e	n

Solutions

No. 115

a	i	m	é	■	v	a	u	t
c	■	a	■	a	■	n	■	u
t	ô	t	■	j	u	s	t	e
e	■	i	■	o	■	■	■	r
■	e	n	q	u	ê	t	e	■
t	■	■	■	t	■	â	■	n
a	r	b	r	e	■	c	o	u
r	■	a	■	r	■	h	■	i
d	e	l	a	■	v	e	n	t

No. 116

v	e	r	s	■	b	o	l	s
é	■	e	■	a	■	u	■	o
l	e	s	■	c	h	i	e	n
o	■	t	■	h	■	■	■	t
■	d	é	f	e	n	s	e	■
é	■	■	■	t	■	a	■	m
p	a	s	s	e	■	l	u	i
é	■	e	■	r	■	l	■	e
e	l	l	e	■	s	e	i	n

No. 117

b	é	b	é	■	v	o	i	t
ê	■	a	■	f	■	m	■	ê
t	a	s	s	e	■	b	u	t
e	■	■	■	n	■	r	■	e
■	a	r	r	ê	t	e	r	■
a	■	e	■	t	■	■	■	s
v	i	n	■	r	e	s	t	e
i	■	d	■	e	■	û	■	n
s	o	u	s	■	t	r	è	s

No. 118

c	o	i	n	■	o	u	r	s
a	■	l	■	c	■	n	■	e
f	u	s	i	l	■	p	u	r
é	■	■	■	a	■	e	■	a
■	c	h	e	v	e	u	x	■
c	■	ô	■	i	■	■	■	s
o	n	t	■	e	n	t	r	e
u	■	e	■	r	■	o	■	a
p	â	l	e	■	l	i	e	u

No. 119

a	b	r	i	■	a	g	i	t
i	■	o	■	e	■	e	■	a
m	o	i	n	s	■	n	o	n
e	■	■	■	p	■	r	■	t
■	e	n	t	r	é	e	s	■
p	■	o	■	i	■	■	■	b
e	s	t	■	t	i	t	r	e
u	■	r	■	s	■	e	■	a
r	u	e	s	■	b	l	e	u

No. 120

c	e	r	f	■	p	a	i	n
e	■	e	■	p	■	s	■	o
c	o	m	m	e	n	c	e	r
i	■	a	■	n	■	e	■	d
■	p	r	é	s	e	n	t	■
a	■	q	■	é	■	s	■	ê
m	o	u	v	e	m	e	n	t
i	■	e	■	s	■	u	■	e
s	e	r	t	■	g	r	i	s

Solutions

No. 121

c	a	r	■	c	ô	t	e	s
h	■	e	■	i	■	o	■	o
a	t	t	e	n	t	i	o	n
m	■	o	■	q	■	l	■	■
p	e	u	t	■	v	e	r	t
■	■	r	■	ê	■	t	■	e
v	i	n	g	t	e	t	u	n
i	■	e	■	r	■	e	■	i
f	e	r	m	e	■	s	u	r

No. 122

l	e	u	r	■	b	r	a	s
a	■	n	■	e	■	e	■	o
c	i	e	u	x	■	p	a	r
s	■	■	■	e	■	o	■	t
■	c	o	m	m	e	s	i	■
c	■	f	■	p	■	■	■	d
œ	u	f	■	l	u	n	d	i
u	■	r	■	e	■	o	■	r
r	i	e	n	■	a	m	i	e

No. 123

a	v	e	c	■	a	v	e	z
g	■	n	■	a	■	i	■	é
i	n	t	é	r	i	e	u	r
r	■	r	■	r	■	i	■	o
■	f	a	m	i	l	l	e	■
c	■	i	■	v	■	l	■	a
l	e	n	d	e	m	a	i	n
e	■	d	■	r	■	r	■	g
f	i	e	r	■	i	d	é	e

No. 124

t	o	i	t	■	t	r	o	p
y	■	c	■	m	■	i	■	e
p	o	i	r	e	■	c	r	u
e	■	■	■	m	■	h	■	x
■	m	e	u	b	l	e	s	■
s	■	l	■	r	■	■	■	o
œ	i	l	■	e	n	f	i	n
u	■	e	■	s	■	o	■	z
r	o	s	e	■	l	i	r	e

No. 125

j	o	l	i	■	f	o	i	s
u	■	i	■	é	■	b	■	e
p	e	t	i	t	■	j	e	u
e	■	■	■	a	■	e	■	l
■	a	r	t	i	s	t	e	■
f	■	e	■	e	■	■	■	v
a	n	s	■	n	o	m	m	é
i	■	t	■	t	■	o	■	c
m	i	e	l	■	p	n	e	u